U0633322

云南大学"一带一路"沿线国家综合数据库建设项目
中国周边外交研究省部共建协同创新中心   联合推出

"一带一路"沿线国家综合数据库建设丛书 | 林文勋 主编

企聚丝路
海外中国企业高质量发展调查
尼泊尔

冯立冰 等 著

Overseas Chinese Enterprise and
Employee Survey in B&R Countries
NEPAL

中国社会科学出版社

图书在版编目（CIP）数据

企聚丝路：海外中国企业高质量发展调查. 尼泊尔／冯立冰等著.
—北京：中国社会科学出版社，2020.10
（"一带一路"沿线国家综合数据库建设丛书）
ISBN 978 - 7 - 5203 - 5841 - 5

Ⅰ.①企… Ⅱ.①冯… Ⅲ.①海外企业—企业发展—研究—中国
Ⅳ.①F279.247

中国版本图书馆 CIP 数据核字（2019）第 291729 号

出 版 人	赵剑英	
责任编辑	马　明	
责任校对	胡新芳	
责任印制	王　超	

出　　版	中国社会科学出版社	
社　　址	北京鼓楼西大街甲 158 号	
邮　　编	100720	
网　　址	http://www.csspw.cn	
发 行 部	010 - 84083685	
门 市 部	010 - 84029450	
经　　销	新华书店及其他书店	

印　　刷	北京明恒达印务有限公司	
装　　订	廊坊市广阳区广增装订厂	
版　　次	2020 年 10 月第 1 版	
印　　次	2020 年 10 月第 1 次印刷	

开　　本	710×1000　1/16	
印　　张	15.25	
字　　数	213 千字	
定　　价	75.00 元	

凡购买中国社会科学出版社图书，如有质量问题请与本社营销中心联系调换
电话:010 - 84083683
版权所有　侵权必究

《"一带一路"沿线国家综合数据库建设丛书》
编 委 会

主　　编　林文勋

副 主 编　杨泽宇　赵琦华　李晨阳

编委会成员　（按姓氏笔画顺序）

孔建勋　毕世鸿　许庆红　杨　伟

杨泽宇　杨绍军　李彦鸿　李晨阳

吴　磊　沈　芸　张永宏　陈炳灿

陈　瑛　陈善江　范　俊　林文勋

罗茂斌　赵琦华　廖炼忠

总　序

党的十八大以来，以习近平同志为核心的党中央准确把握时代发展大势和国内国际两个大局，以高瞻远瞩的视野和总揽全局的魄力，提出一系列富有中国特色、体现时代精神、引领人类社会进步的新理念新思想新战略。在全球化时代，从"人类命运共同体"的提出到"构建人类命运共同体"的理念写入联合国决议，中华民族为世界和平与发展贡献了中国智慧、中国方案和中国力量。2013 年秋，习近平主席在访问哈萨克斯坦和印度尼西亚时先后提出共建"丝绸之路经济带"和"21 世纪海上丝绸之路"的重大倡议。这是实现中华民族伟大复兴的重大举措，更是中国与"一带一路"沿线国家乃至世界打造政治互信、经济融合、文化包容的利益共同体、命运共同体和责任共同体的探索和实践。

大国之路，始于周边，周边国家是中国特色大国外交启航之地。党的十九大报告强调，中国要按照亲诚惠容理念和与邻为善、以邻为伴周边外交方针深化同周边国家关系，秉持正确义利观和真实亲诚理念加强同发展中国家团结合作。① 当前，"一带一路"倡议已从谋篇布局的"大写意"转入精耕细作的"工笔画"阶段，人类命运共同体建设开始结硕果。

---

① 习近平：《决胜全面建成小康社会　夺取新时代中国特色社会主义伟大胜利——在中国共产党第十九次全国代表大会上的报告》（2017 年 10 月 18 日），人民出版社 2017 年版，第 60 页。

在推进"一带一路"建设中，云南具有肩挑"两洋"（太平洋和印度洋）、面向"三亚"（东南亚、南亚和西亚）的独特区位优势，是"一带一路"建设的重要节点。云南大学紧紧围绕"一带一路"倡议和习近平总书记对云南发展的"三个定位"，努力把学校建设成为立足于祖国西南边疆，面向南亚、东南亚的综合性、国际性、研究型一流大学。2017年9月，学校入选全国42所世界一流大学建设高校行列，校党委书记林文勋教授（时任校长）提出以"'一带一路'沿线国家综合数据库建设"作为学校哲学社会科学的重大项目之一。2018年3月，学校正式启动"'一带一路'沿线国家综合数据库建设"项目。

一是主动服务和融入国家发展战略。该项目旨在通过开展"一带一路"沿线国家中资企业与东道国员工综合调查，建成具有唯一性、创新性和实用性的"'一带一路'沿线国家综合调查数据库"和数据发布平台，形成一系列学术和决策咨询研究成果，更好地满足国家重大战略和周边外交等现实需求，全面服务于"一带一路"倡议和习近平总书记对云南发展的"三个定位"。

二是促进学校的一流大学建设。该项目的实施，有助于提升学校民族学、政治学、历史学、经济学、社会学等学科的建设和发展；调动学校非通用语（尤其是南亚、东南亚语种）的师生参与调查研究，提高非通用语人才队伍的科研能力和水平；撰写基于数据分析的决策咨询报告，推动学校新型智库建设；积极开展与对象国合作高校师生、中资企业当地员工的交流，促进学校国际合作与人文交流。

项目启动以来，学校在组织机构、项目经费、政策措施和人力资源等方面给予了全力保障。经过两年多的努力，汇聚众多师生辛勤汗水的第一波"海外中国企业与员工调查"顺利完成。该调查有如下特点：

一是群策群力，高度重视项目研究。学校成立以林文勋书记任组长，杨泽宇、张力、丁中涛、赵琦华、李晨阳副校长任副组长，各职能部门领导作为成员的项目领导小组。领导小组办公室设在社科处，由社科处处长任办公室主任，孔建勋任专职副主任，陈瑛、许庆红任技术骨干，聘请西南财经大学甘犁教授、北京大学邱泽奇教授、北京大学赵耀辉教授、北京大学翟崑教授为特聘专家，对项目筹备、调研与成果产出等各个环节做好协调和指导。

二是内外联合，汇聚各方力量推进。在国别研究综合调查数据库建设上，我校专家拥有丰富的实践经验，曾依托国别研究综合调查获得多项与"一带一路"相关的国家社科基金重大招标项目和教育部重大攻关项目，为本项目调查研究奠定了基础。国际关系研究院·南亚东南亚研究院、经济学院、民族学与社会学学院、外国语学院、政府管理学院等学院、研究院在问卷调查、非通用语人才、国内外资料搜集等方面给予大力支持。同时，北京大学、中国社会科学院、西南财经大学、广西民族大学等相关单位的专家，中国驻各国使领馆经商处、中资企业协会、企业代表处以及诸多海外中央企业、地方国有企业和民营企业都提供了无私的支持与帮助。

三是勇于探索，创新海外调研模式。调查前期，一些国内著名调查专家在接受咨询时指出，海外大型调查数据库建设在国内并不多见，而赴境外多国开展规模空前的综合调查更是一项艰巨的任务。一方面，在初期的筹备阶段，项目办面临着跨国调研质量控制、跨国数据网络回传、多语言问卷设计、多国货币度量统一以及多国教育体系和民族、宗教差异性等技术难题和现实问题；另一方面，在出国调查前后，众师生不仅面临对外联络、签证申请、实地调研等难题，还在调查期间遭遇地震、疟疾、恐怖袭击等突发事件的威胁。但是，项目组克服各种困难，创新跨国调研的管理和实践模式，参与调查的数百名师生经过两年多的踏实工作，顺利完成了这项兼具开源性、创新性和唯一性的调查任务。

四是注重质量，保障调查研究价值。项目办对各国调研组进行了多轮培训，强调调查人员对在线调查操作系统、调查问卷内容以及调查访问技巧的熟练掌握；针对回传的数据，配备熟悉东道国语言或英语的后台质控人员，形成"调查前、调查中和调查后"三位一体的质量控制体系，确保海外调查数据真实可靠。数据搜集完成之后，各国调研组立即开展数据分析与研究，形成《企聚丝路：海外中国企业高质量发展调查》报告，真实展现海外中国企业经营与发展、融资与竞争、企业形象与企业社会责任履行状况等情况，以及东道国员工工作环境、就业与收入、对中国企业与中国国家形象的认知等丰富内容。整个调查凝聚了 700 多名国内外师生（其中 300 多名为云南大学师生）的智慧与汗水。

《企聚丝路：海外中国企业高质量发展调查》是"'一带一路'沿线国家综合数据库建设"的标志性成果之一。本项目首批由 20 个国别调研组组成，分为 4 个片区由专人负责协调，其中孔建勋负责东南亚片区，毕世鸿负责南亚片区，张永宏负责非洲片区，吴磊负责中东片区。20 个国别调研组负责人分别为邹春萌（泰国）、毕世鸿（越南）、方芸（老挝）、孔建勋和何林（缅甸）、陈瑛（柬埔寨）、李涛（新加坡）、刘鹏（菲律宾）、杨晓强（印度尼西亚）、许庆红（马来西亚）、柳树（印度）、叶海林（巴基斯坦）、冯立冰（尼泊尔）、胡潇文（斯里兰卡）、邹应猛（孟加拉国）、刘学军（土耳其）、朱雄关（沙特阿拉伯）、李湘云（坦桑尼亚）、林泉喜（吉布提）、赵冬（南非）和张佳梅（肯尼亚）。国别调研组负责人同时也是各国别调查报告的封面署名作者。

今后，我们将继续推动"'一带一路'沿线国家综合数据库建设"不断向深度、广度和高度拓展，竭力将其打造成为国内外综合社会调查的知名品牌。项目实施以来，尽管项目办和各国调研组竭尽全力来完成调查和撰稿任务，但由于主、客观条件限制，疏漏、错误和遗憾之处在所难免，恳请专家和读者批评指正！

《"一带一路"沿线国家综合数据库
建设丛书》编委会
2020 年 3 月

目　　录

第 一 章

尼泊尔宏观政治经济形势分析

第一节　2015 年以来尼泊尔形势概述

2015 年以来尼泊尔正逐渐摆脱政局动荡、走向稳定。根据 2015 年《尼泊尔联邦民主共和国宪法》的规定，尼泊尔确立了多党制议会民主共和制政体和联邦制国家结构，并于 2017 年 5 月至 12 月完成地方、省级和联邦三级权力机构选举。卡德加·普拉萨德·奥利（Khadga Prasad Oli）领导的尼共（联合马列）与普拉昌达（Prachanda）领导的尼共（毛主义中心）组成的左翼阵线获胜组阁，现任总统为比迪娅·德维·班达里（Bidhya Devi Bhandari）夫人，现任总理为奥利。由于两大主要共产党在联邦众议院获得近2/3 的席位、在地方 7 省中的 6 省实现执政，两党于 2018 年 5 月 17 日正式合并，尼泊尔共产党（简称"尼共"）成为尼泊尔有史以来最强大的政党，尼共政府也成为尼泊尔近 30 年来最稳定的政府。当前尼泊尔政局可能面临的主要政治风险在于：第一，丧失执政权的老牌政党大会党与尼南部少数民族马迪西政党有可能联手反扑；第二，印度莫迪政府"南亚战略"和美国特朗普政府"印太战略"等外部势力的干涉搅扰；第三，尼共党内合并事宜尚未全面彻底完成。尽管尼泊尔面临内外部云谲波诡的多重压力，但是在尼共新政府的坚强领导下，上述因素难以构成根本性挑战，不致撼动国家的稳定基石。

2008年以来，多届政府关注的三件头等大事分别是原尼共（毛）武装"人民解放军"整编问题、制定新宪法和举行全国议会问题，无力在经济发展方面投入大量精力，加之经济基础薄弱、自然资源相对匮乏、基础设施落后，使得尼泊尔经济发展严重依赖外部援助。2015年4月尼泊尔发生8级地震，对本国经济造成重创，柯伊拉腊政府将经济发展中心放在灾后重建上，并投入了大量的财政支出。2017年8月的洪水灾害，对尼泊尔的田地、道路造成重大损坏，进一步加重了政府财政压力。此外，尼泊尔政府致力于改善基础设施，依靠旅游业带动经济发展。尼泊尔经济在未来一段时期内将难于实现快速增长，预计GDP增速将保持在4%—5%之间。

外交方面，地处中印两个新兴大国利益交汇区和战略缓冲区的尼泊尔，虽可以获得两国的经济援助，但也需要很好地处理和平衡与两大邻国的关系。尼泊尔不仅是亚洲基础设施投资银行创始成员国，同时也是南亚地区积极响应"一带一路"倡议的主要国家之一。2017年5月，中尼两国政府签署了《关于在"一带一路"倡议下开展合作的谅解备忘录》；2019年4月，班达里总统访华期间，两国政府签署了中尼政府间过境运输议定书。中方也计划对尼泊尔的公路、铁路等基础设施建设进行大量投资，在尼泊尔大型基础设施建设与经贸往来方面，中国的未来影响力将进一步提升。印度对尼泊尔的影响力体现在传统文化与政治上，2015年印度政府因反对尼泊尔新宪法通过，对尼采取了制裁和封锁措施，这对尼泊尔本国经济以及印尼两国关系造成极大损害。除此之外，尼美两国保持着较为密切的关系，"9·11"事件后美国加强了在反恐等问题上与尼泊尔政府的交流，曾将尼共（毛）列入恐怖组织名单，同时美国政府与NGO对尼进行大量的投资与援助。

第二节　尼泊尔政治形势评估

一　尼泊尔的政党政治

尼泊尔历史上长期实行封建君主制。1328 年，阿迪特亚·马拉于加德满都谷地建立其统治王朝，大力推行印度教，史称马拉王朝。1768 年至 1769 年，普里特维·纳拉扬·沙阿先后攻破加德满都、拉利特普尔和巴克塔普尔三大王国，沙阿王朝崛起并统一全国。随着英印殖民政府的入侵，沙阿王朝的名门望族拉纳家族于 1846 年 9 月制造 "科特庭院" 惨案，依靠英国帝国主义者支持夺取了军政大权并获世袭首相职务，将国王作为傀儡而自己成为国家的最高主宰。此后的 105 年里，先后有 10 位拉纳成员出任首相。① 1950 年，以特里布文国王出走印度为导火索，在印度尼赫鲁政府的支持下和尼泊尔大会党的领导下，尼泊尔人民掀起声势浩大的反对拉纳家族专政的群众运动和武装斗争，终使拉纳家族统治终结、特里布文国王恢复王权、尼泊尔实行君主立宪制。1960 年，马亨德拉国王鉴于柯伊拉腊无效、专制和腐败的执政业绩，宣布解散大会党内阁和议会两院，实行评议会制度，禁止一切党派和政治团体的存在和活动。1990 年，由包括尼共（马列）、尼共（马）在内的 7 个尼共派别组成的尼共左翼联合阵线与大会党共同发起废除评议会制度、恢复多党制的 "人民运动"，迫使比兰德拉国王宣布恢复君主立宪制下的多党议会制度，组建由大会党、尼共左翼联合阵线和民主人士参加的临时联合政府。② 1996 年 2 月，尼共（毛主义）在其向大会党德乌帕内阁提出的 40 项要求未予答复后，宣布停止议会政治、开展人民战争，从而拉开了

---

① 王宏纬主编：《列国志·尼泊尔》，社会科学文献出版社 2015 年版，第125 页。
② 袁群、张立锋：《尼泊尔共产主义运动的历史演进探析》，《社会主义研究》2015 年第 2 期。

"尼泊尔 10 年人民战争"① 的序幕。2001 年 6 月，比兰德拉国王全家在"王室血案"中遇害，比胞弟贾南德拉继位。2005 年 2 月，贾南德拉国王在解散德乌帕政府后宣布"亲政"；同年 11 月，由大会党、尼共（联合马列）等尼泊尔主要政党结成的"七党联盟"与尼共（毛）在新德里签署了旨在联手推翻国王专制政府的《谅解备忘录》（又称"十二点共识"），从而开启了尼泊尔第二次"人民运动"，最终于 2006 年 4 月褫夺国王权力、恢复政党政府。2007 年，包含尼共（毛）的临时议会成立后，颁布临时宪法修正案；同年 4 月，由"七党联盟"与尼共（毛）组成的八党临时联合政府宣告成立。2008 年 4 月，尼泊尔举行首届制宪会议选举，新的制宪会议（代行议会职权）以绝对多数通过废除君主制的决议，并宣布成立尼泊尔联邦民主共和国，大会党领袖拉姆·巴兰·亚达夫（Ram Baran Yadav）当选为首任总统，尼共（毛）领导人普拉昌达出任尼泊尔共和国时代的首任总理。

2015 年 9 月 20 日晚，亚达夫总统宣布废止 2007 年临时议会通过的临时宪法修正案，宣布新的世俗民主宪法正式生效。根据新宪法规定，制宪议会将自动转为议会，并由后者在一个月期限内选出正副总统、总理和正副议长。2015 年版新宪法明确了尼泊尔世俗主义的联邦制国家结构和多党议会民主政体，将全国划分为 7 个联邦省和 77 个县。此前两届制宪会议共有 601 个席位，其中 575 席由选举产生，26 席则由内阁推荐。2015 年版新宪法还规定，尼泊尔实行两院制，联邦议会分为国民议会和众议院。作为上院的国民议会共有 59 名成员，由选举团选举产生 56 名成员，其余 3 名成员（包括至少 1 名女性）由总统根据内阁建议任命，每省 8 名成员中包括省议会主席成员以及至少 3 名妇女、1 名贱民、1 名残疾人或少数族群成员。国民议会成员的任期为 6 年，每两年有 1/3 的议员退休更换。作为下院的众议院共有 275 名议员，其中 60% 的议员（165 个席位）由简单多数制

---

① 常建刚、何朝荣译：《普拉昌达对尼泊尔十年人民战争的总结》，《国外理论动态》2009 年第 4 期。

选举产生，再参照参选各党在简单多数制选举中得票多寡分配比例，选举其余40%（110个席位）的议员。省议会和众议院议员任期为5年。① 在2015年10月于议会举行的总统选举中，尼共（联合马列）副主席比迪娅·德维·班达里顺利当选为总统，成为尼泊尔首位女性国家元首以及世界上首位共产党女性国家元首。班达里于2015年10月28日就任，在2018年3月14日连任。2015年版新宪法规定，总统是礼仪性的国家元首和军队统帅，总理则由议会多数党领袖担任。2015年10月，尼共（联合马列）在尼联共（毛）支持下组阁执政，奥利出任总理。

2016年5月，以普拉昌达为首的尼联共（毛）整合10个毛主义政党，联合组建了尼共（毛主义中心）；同年7月，由于奥利否认之前尼联共（毛）与尼共（联合马列）达成的由两党领导人轮流担任总理的"九点协议"，尼共（毛主义中心）退出联合政府，并联合大会党组建新的联合政府。根据尼共（毛主义中心）与大会党达成的协议，普拉昌达和谢尔·巴哈杜尔·德乌帕（Sher Bahadur Deuba）将轮流担任9个月的总理。2016年8月，普拉昌达出任政府总理；2017年6月，德乌帕接任总理。2017年，尼泊尔分别于5月、6月和9月举行地方议会选举；同年10月15日，尼泊尔制宪会议解散；尼泊尔分别于11月和12月分两阶段举行省级议会和联邦议会众议院选举，于2018年2月举行联邦议会联邦院选举。奥利领导的尼共（联合马列）与普拉昌达领导的尼共（毛主义中心）组成的竞选联盟左翼联盟获得众议院174个席位，奥利得以再次出任政府总理。

二　尼泊尔政治的稳定性

自1990年恢复民主到2015年尼泊尔新宪法颁布，尼泊尔政治动荡，不仅经历了规模浩大的人民街头运动，也目睹了疑点重重的王室

---

① "Nepal's constitution of 2015"，https：//www.constituteproject.org/constitution/Nepal_2015.pdf? lang = en.

血案，还有长达10年的国内武装冲突。在此期间，尼泊尔政治体制经历了君主立宪制、无党派评议会制、多党议会民主制的轮替，国家权力在国王、议会、政党之间争夺与制衡。联邦民主共和国建立初期，临时议会于2007年颁布临时宪法，但政局依旧不稳定，2008年4月选举产生的首届制宪会议未能在4年任期内制定颁布新宪法，2013年11月选举产生的第二届制宪会议也因为联邦制构建问题陷入无休止内斗之中。修宪问题上，围绕政府建构和联邦制下各省设置问题，大会党、尼共（联合马列）、尼联共（毛）与马迪西政党意见分歧很大、政治斗争激烈、政府更迭频繁。在2008年至2015年的短短7年时间内，尼泊尔联邦民主共和国就产生了尼共（毛）普拉昌达、尼共（联合马列）内帕尔、尼共（联合马列）卡纳尔、尼共（毛）巴特拉伊、无党派雷格米、大会党柯伊拉腊6位总理，政党政治的明争暗斗与政府的频繁更迭让尼泊尔政局充满变数和不稳定性。2015年新宪法出台，尼政局总体上趋于稳定。经历了长期的政局动荡与政府频繁变更之后，国内民众期盼一个稳定的政府与和平的国内环境，各大党派也乐于在多党民主政治体制框架之下，通过政党政治而非武装斗争表达意见。新宪法出台虽然一度引起尼泊尔南部印度裔马迪西民族及其政党代表的强烈抗议，毗邻印度的南部特莱平原出现大规模暴力抗议，但没有引发全国大规模的骚动与武装冲突。

目前，尼政局隐存的不稳定因素在于多党制之下的政党林立。目前尼泊尔主要政党有尼泊尔共产党［2018年5月由尼共（联合马列）和尼联共（毛）合并组成］、尼泊尔大会党、尼泊尔社会党（2019年5月由尼泊尔联邦社会主义论坛和尼泊尔新力量党合并组成）、民族民主党、马迪西人民权利论坛、特莱马迪西民主党、工人和农民党、亲善党等70多个党派，各党派的政策主张明显不同。例如，原尼共（联合马列）于1991年由尼共（马列）和尼共（马）合并而成，主要代表尼泊尔劳动阶级和爱国民主力量，以马克思列宁主义为指导思想，目标是建立科学社会主义与共产主义，最低目标是通过走多党民主的道路，解决尼泊尔半封建、半殖民地社会的基本矛盾，建立一个人民民主专政的新民主主义社会。[①] 原尼共（毛主义中心）则以马克思列宁主义、毛泽东思想为指导思想，目标是在尼泊尔建立人民共和国，主张通过武装斗争的形式实现人民民主共和政权，强调革命的三大法宝，即党的组织、人民的军队和统一战线是新政权和发展人民斗争的工具。在经济上，主张社会主义生产模式；在外交上，主张加强同其他国家共产党发展党际关系；在社会问题上，主张废除印度教种姓制度。[②] 尼泊尔大会党是资产阶级民族主义政党，1947 年成立于印度，1950 年迁回尼泊尔，主要代表中上层资产阶级的利益，主张建立联邦制民主共和国，在经济上主张实行"混合经济"制度，在外交上强调民主与人权为基础的外交关系，在社会问题上主张人道主义的社会变革。[③] 随着尼泊尔左翼联邦在 2017 年大选中获胜执政以及两大共产党于 2018 年 5 月实现两党合并，原有的大会党、尼共（联合马列）和尼共（毛主义）三党鼎力的政党格局已被打破，尼共及其领导的新政府将成为尼泊尔政局总体稳定的重要压舱石，但是仍然不可排除党派争斗、分化组合与政府更替的可能性。

第三节　尼泊尔经济形势评估

一　尼泊尔的经济增长情况

尼泊尔是传统的农业国家，走上现代化发展道路后，经济结构发生一定调整，以 2000 年至 2013 年的 13 年为例，三大产业分别占 GDP

---

① 袁群、安晓敏：《尼共（联合马列）的发展演变探析》，《当代世界与社会主义》2015 年第 2 期。

② 袁群、郭澄澄：《尼联共（毛）的建党理论与实践探析》，《中共云南省委党校学报》2012 年第 6 期。

③ 袁群、吴鹤宣：《尼泊尔大会党的历史、现状及前景》，《当代世界与社会主义》2017 年第 2 期。

比重为35.4%、15.9%和48.6%。① 目前，尼经济增长主要依靠农业和旅游业拉动，其中全国约有80%的人口从事农业生产，而农业收入则占国民收入的40%左右。1992年，尼泊尔政府正式出台了以经济自由化为中心的系统改革计划，开始实施经济自由化战略，但收效并不明显。由于工业基础较弱、政治长期动荡、政府财政执行能力相对不足等因素限制，尼泊尔的经济表现并不乐观，但在风调雨顺之年，GDP能够保持在4%—5%的增长率。

在经历了多年的增速低迷之后，尼泊尔经济从2013年开始小幅上扬，这主要得益于风调雨顺、农业态势较好。与此同时，因国内安全形势有所改善，服务业与工业发展势头良好。2017财年，由于大量外国投资的刺激作用，尼泊尔GDP增速高达7.5%。2018财年，尼泊尔的GDP增速回落到6.7%②，比上年稍有减缓。2019财年预计仍将在4.9%左右。通货膨胀率和消费者价格指数从2016年的8.8%下降到2017年的5.5%，2019年的GDP增长率是7.1%，2018年又回升到6.7%，2019年达5.8%。2019年的通货膨胀率是6.2%。③

遗憾的是，尽管政局稳定、外国投资增加推动了尼泊尔经济发展，但是尼泊尔经济结构并没有发生显著的改变，尼泊尔经济实现突破性发展依然存在限制。农业国家的性质始终没有改变，使得国家经济受制于气候变化，遇到季风气候或地震等不利自然因素影响，国民经济会受到较大影响。随着旅游产业的发展，服务业近期表现突出，但是其吸收就业能力、对经济增长贡献能力等方面作用有限。工业体系不健全和工业发展速度缓慢，是尼泊尔经济发展面临的最大难题，而要促进工业的发展，一方面需要进一步完善基础设施、改善营商环境、加大吸引外资力度；另一方面需要提升政府政策与财政支持、鼓励创业、发展特色工业与产业。唯有如此，尼泊尔经济结构才能平衡，改变国家

---

① 王宏纬主编：《列国志·尼泊尔》，社会科学文献出版社2015年版，第198页。

② CEIC Data, https：//www.ceicdata.com/en/indicator/nepal/real‐gdp‐growth.

③ Nepal Inflation Rate, https：//tradingeconomics.com/nepal/inflation‐cpi

对外国资本和外来援助的长期依赖，形成经济发展的内生动力。

二　尼泊尔的外贸与外资情况

尼泊尔是一个内陆国家，在吉隆和樟木等中尼边境通商口岸运行前，长期依赖取道印度进行对外贸易。历史上，印度政府曾于1969年、1989年和2015年对尼泊尔进行封锁和制裁。另外，由于资源不足，工业落后，加之较长时间内政局不稳，导致尼泊尔出口长期低迷，不得不依赖从印度等国大量进口商品和服务。近年来，随着国内基本消费品增长，尼国内产能持续减弱，尼对外贸易长期处于逆差的状态，且国际贸易赤字逐年递增。

农业、旅游业和外汇构成尼泊尔收入三大主要来源。近年来，尼泊尔服务业和侨汇收入增长相对乐观，这主要是得益于旅游业的发展。尼泊尔自然景观和历史文化资源较为丰富，随着国内安全形势的改善，吸引了来自世界各地的游客。由于国内工业薄弱，无法实现充分就业，使得尼泊尔大量劳动力被迫前往印度、中东（沙特、卡塔尔）、东南亚等国进行劳务输出，侨汇收入增加，推动了尼泊尔外汇储备的增加。侨汇收入增加，加上旅游业的蓬勃发展，适度填补了贸易赤字。但是侨汇收入的增长是有限的，随着进口的逐年攀升，可以预期尼泊尔未来的贸易赤字将持续存在。2015年前，由于尼泊尔政局动荡，外资吸引力持续下降，2015年后，随着国家政局的稳定以及经济建设的开展，尼泊尔政府致力于鼓励外国投资，于2015年3月公布新产业政策。该政策的内容包括进一步开放服务业等投资领域，为投资者提供配套设施并提供无差别待遇，允许非国有化经营模式，对于产生公共福利的部分投资给予政府补贴，简便投资手续、提供"一站式"服务等。

对尼泊尔的经济发展来说，中尼贸易的蓬勃发展与中国投资的显著增加是未来的最大亮点。2014年12月，中尼两国在加德满都签署经济合作的相关文件，为帮助尼泊尔增加对华商品出口，中国政府将把尼泊尔享受零关税政策的输华产品比率从95%提高到97%，而新的关税优惠政策将包括 8030 项产品，涵盖尼泊尔对华出口的绝大多数产品，此举有助于促进中尼双边贸易的平衡发展。2019 年 4 月，班达里总统访华，签署中尼政府间过境运输议定书等 7 项历史性的重要协议。根据协议，尼泊尔未来将通过中尼边境的 6 个专用过境口岸，使用中国天津、深圳、连云港、湛江 4 个海港以及兰州、拉萨和日喀则 3 个陆港进行货物输送转运，进一步打破印度由于地理优势而对尼泊尔形成的长期垄断和有形阻碍。[①]

尼泊尔的经济特区项目始于 2003—2004 年度，为完善经济特区的基础设施建设，以达到鼓励私人投资、吸引外资、促进国家工业发展的目的，尼泊尔政府拟定在全国建立 11 个经济特区。位于第 5 省的拜拉哈瓦（Bhairahawa）经济特区已于 2014 年正式开放，拥有 68 个区块，可容纳 200 家工业企业。目前，比尔（Bill）经济特区已经建成、尚待开放，另有 9 个经济特区正在筹建。其中，位于第 2 省的喜马拉（Simara）经济特区的土地开发和道路建设工作正在进行；位于第 6 省的久木拉（Jumla）经济特区、卡皮尔瓦斯图经济特区和比腊特纳加（Biratnagar）经济特区的可行性研究已经完成；对潘查尔经济特区、廓尔喀经济特区、锡拉哈经济特区、达努沙经济特区和劳塔哈特经济特区进行的详细的可行性研究现已开始。[②]

三　尼泊尔的财政与货币政策

尼泊尔 2014—2015 财年财政预算达到 6181 亿卢比，[③] 较以往有较大增幅。2015 年的震后重建任务极大增加了政府开支，政府财政负担加重、财政收支难以平衡。根据英国经济学人智库报告，尼泊尔

---

① "Nepal and China to sign at least half a dozen deals during President's visit to Beijing", https：//kathmandupost. ekantipur. com/news/2019 – 04 – 16/nepal – and – china – to – sign – at – least – half – a – dozen – deals – during – presidents – visit – to – beijing. html.

② 王宏纬主编：《列国志·尼泊尔》，社会科学文献出版社 2015 年版，第233 页。

③ IMF World Economic Outlook，国际货币基金组织世界发展指标数据库。

政府在 2017—2018 年度财政预算中，有大量支出用于 2015 年大地震和 2017 年大洪水的灾后重建工作。另外，由于尼印贸易协定和尼泊尔商品与服务税制度，尼泊尔出口印度的商品和服务为零关税，而其从印度进口货物则需要支付关税，这也加重了尼泊尔的财政负担。根据尼泊尔最新的财政政策，2017—2018 财年与 2018—2019 财年财政预算赤字平均为 GDP 的 4.3%。[①]

尼泊尔国家银行（Rastriya Banijya Bank）创建于 1956 年，是亚洲清算联盟的成员之一，主要负责制定和执行国家的货币政策，但受政府政策的限制。尼央行采取的货币政策受到汇率制度的影响，但由于尼泊尔资本流动尚未完全自由化，尼央行制定货币政策时有一定的独立性。根据尼印两国政府签订的协议，1965 年前，卢比与印度卢比使用固定汇率，即 1 印度卢比兑换 1.6 卢比。尼央行采取的货币政策受到印度卢比走弱的影响，使得尼币同步贬值。2016 年中期以来，尼央行试图通过最高利率、政策利率和最低利率来指导短期市场利率，这标志着以货币供应增长为主要政策目标的变化。

尼泊尔是外汇管制国家，其货币政策对外汇进行严格管理，限制了货币兑换的便利性。根据 2002 年中尼两国央行在加德满都签署的双边结算与合作协议，中国公民到尼泊尔观光旅游无须用美元兑换当地货币，尼泊尔银行提供人民币与卢比的兑换业务。但是由于结算问题和相关规则的不完善，人民币业务经常受到限制。2014 年，中尼两国央行在北京签署《中国人民银行和尼泊尔国家银行双边结算与合作协议补充协议》。根据补充协议，中尼人民币结算将从边境贸易扩大到一般贸易，并扩大贸易覆盖的地域范围，这将进一步促进双边贸易和投资增长。

---

① The Economist Intelligence Unit, *Country Report：Nepal*, London, 2018.

第四节　尼泊尔对外关系形势评估

自 1951 年拉纳家族专制统治被推翻后，尼泊尔便逐渐确立起以"国际法的基本准则、《联合国宪章》、和平共处五项原则和不结盟原则"为基础的平衡外交战略，一方面努力平衡与中印两国的关系，另一方面积极发展与西方国家以及周边南亚国家的关系，争取国际社会的援助。尼共新政府 2018 年 2 月 15 日执政以来，尼泊尔的外交政策正呈现出在南、北两个邻国之间争取平衡的特征和策略。

一　2015 年以来尼泊尔与印度的关系

尼印两国共同位于德干高原，尼泊尔的萨普塔柯西河、甘达基河、卡尔纳利河三大水系河流均最终流入印度。地理条件的联结促使尼印自古以来存在着唇齿相依的关系。文化上，尼印有着共同的文化、民族、宗教的纽带，两国之间的精神纽带甚至超越物质关系。经济上，尼印之间有着历史悠久的贸易往来，两国之间长期保持边界开放，可自由通商与边贸。20 世纪 50 年代以前，尼印贸易便占尼泊尔贸易总额的七成左右。此外，印度长期对尼泊尔进行经济援助，同时尼泊尔的外汇长期被印度垄断。如今，尼泊尔虽然已经与世界上 70% 以上的国家建立了经贸关系，尤其是近年来同中国的经济交往在飞速发展，但是印度仍然是尼泊尔最重要的贸易伙伴。尼泊尔对印度的经济依赖还突出表现在"贸易通道、能源、赴印劳工与移民、水资源分配、投资、外部援助与贷款以及贸易不平衡"[①] 等方面。政治上，尼泊尔的历代统治者与印度政府之间都保持一定程度的"特殊关系"，控制与反控制是尼印政治互动的重要主题。受印度"扩张主

_____

① 徐亮：《尼泊尔对印度的经济依赖研究》，人民日报出版社 2015 年版，第 8—43 页。

义"的长期"特殊关照",尼泊尔历届政府的内政外交深受印度制约。

2008年5月尼泊尔联邦民主共和国成立后,特别是当年8月尼共(毛)领导人普拉昌达出任共和国首任总理后,尼政府继承坚持"中立""平衡"和"多元化"的外交战略,开始调整与印度的关系。普拉昌达在2008年议会选举前曾多次对选民表达了他的政治观点:尼泊尔要与"印度扩张主义"做斗争,同时发展与中国和其他国家的关系。印度政府出于害怕普拉昌达政府完全倒向中国的顾虑,急切地向尼共(毛)表明将调整对尼外交政策,印度官员也多次在不同场合表达了与尼泊尔改善关系的意愿。

普拉昌达政府没有被印度的示好冲昏头脑,而是明确地表示了与邻国以及所有国家都要发展平等友好的合作关系的政治观点。普拉昌达打破外交惯例,就任总理后首次出国访问便是参加北京奥运会闭幕式。虽然这只是一次普通的外事活动,但印度却敏感地认为尼泊尔违背了以往尼新上任政府首脑首访新德里的惯例。普拉昌达在8月23日启程赴北京前,发表了就任总理后的首次电视讲话,表示"尼泊尔将在和平共处五项原则基础上与包括我们的邻国在内的所有国家发展友好关系",表明尼泊尔新政府的外交政策将改变以往在"等距离外交"政策下实际上受制于印度的状况,真正实现国与国之间平等以及友好合作的关系。

2009年5月3日,为抗议亚达夫总统留任尼军参谋长卡特瓦尔的违宪行为,普拉昌达总理愤而辞职。5月24日,尼共(联合马列)高级领导人马达夫·库马尔·内帕尔宣誓就任尼泊尔新任总理。如果说普拉昌达政府是旗帜鲜明地提出了发展独立自主的外交政策的政治观点的话,那么内帕尔政府则是从要求得到更多的经济发展自主权的角度,对印度的"控制"政策提出了反抗。内帕尔政府采取的各项举措虽然不及普拉昌达政府那样旗帜鲜明,但却表达了独立发展经济的主张,其提出的与南亚地区国家发展经济合作的项目方案,符合印度主导的南亚区域合作联盟近期的发展目标，因而没有受到当时印度国大党政府过多阻挠。

从尼共（毛）和尼共（联合马列）主导的两届政府不同的执政理念和执政举措可以看出，无论是普拉昌达政府还是内帕尔政府，都从各自不同的角度出发，为摆脱尼印关系受制于印度的旧有模式而努力，尼泊尔越来越重视加强与中国的关系并拓展与其他国家的关系。

2015年9月，尼新宪法颁布后，印度收紧边境管控，造成尼国内物资严重短缺，尼印关系紧张。2016年1月，尼议会通过新宪法修正案，部分满足反对派诉求。印度当局对尼修正案表示欢迎，逐步放松对尼禁运。2016年2月尼总理奥利访印，尼印关系初步和缓。2016年5月，尼泊尔班达里总统取消访印，尼泊尔政府召回驻印大使，尼印关系再次陷入僵局。2016年8月，尼泊尔副总理兼内政部长尼迪作为总理特使访印。2016年9月，尼外长马哈特访印，尼总理普拉昌达访印，尼印关系逐步缓和。①

二 尼泊尔与美国的关系

尼泊尔政府重视发展同美欧等西方国家的关系。尼泊尔同美国自1947年4月25日建交并签订友好和商务条约以来，两国关系发展总体上较为顺利。70多年的发展中，两国的合作涉及教育、军事、卫生、交通、援助等多方面。近年来，美国政府高层多次访尼。尼泊尔政府从现实角度出发，高度重视美国因素，发展与美国为首的西方国家的友好关系。目前，美国每年向尼泊尔提供约4000万美元经济援助，1951年至2012年60年间，美国政府向尼累计提供了约7.91亿美元经济援助。除此之外，美国政府还通过多边组织和机构向尼泊尔提供了累计7.25亿美元的援助。值得注意的是，美国曾在尼泊尔10年内战期间支持对尼共（毛）的武装清剿，并曾于2003年10月将尼

---

① 《尼泊尔国家概况》，中华人民共和国外交部网站（https：//www.fmprc.gov.cn/web/gjhdq_676201/gj_676203/yz_676205/1206_676812/1206x0_676814/）。

共（毛）列入恐怖组织名单之中，直到 2012 年 9 月才将其从恐怖组织名单中剔除。① 除此之外，尼美之间保持着一定的贸易交往。据统计，2013 年双方的贸易额为 1.1 亿美元，其中美向尼出口 3300 万美元，从尼进口 7800 万美元。美方从尼进口商品主要包括地毯、艺术品、服装和皮革制品等。②

三　尼泊尔与日本的关系

尼日交往最早可以追溯到 18 世纪末，1956 年 9 月 1 日尼日建立正式外交关系，尼日双方分别于 1965 年和 1967 年在对方首都设立大使馆，尼泊尔在大阪和福冈设有名誉领事馆。

经济合作方面，日本自 1954 年起长期致力于促进尼泊尔经济社会发展，主要通过以双边赠款、双边贷款、多边援助和技术援助等形式援助尼泊尔。尼日经济合作主要涉及人力资源开发、卫生、农业发展、基础设施发展、环境保护、供水、文化等领域。日本还为尼泊尔基础设施发展提供优惠贷款，现正开展塔纳湖水电公司和博卡拉隧道项目。在人力资源开发方面，日本根据其对外援助发展计划，自 2016 年起每年向尼政府官员提供多个领域的奖学金。日本国际协力机构向尼泊尔提供日本海外合作志愿人员和高级志愿人员。2015 年加德满都地震后，日本政府向尼灾后重建工作提供超过 260 亿卢比的捐款。

贸易和投资方面，日本是尼泊尔的重要贸易伙伴之一。尼日贸易体系中，尼泊尔向日本出口成衣、毛织品、地毯、手工艺品、尼泊尔纸和纸制品、皮革制品以及银器和装饰品等产品；而尼泊尔从日本进口车辆和零部件、电子产品、机械和设备、钢铁产品、摄影产品、医疗设备等产品。日本还是尼泊尔外国直接投资的主要来源国之一，其

① 袁群、刘丹蕊：《尼联共（毛）崛起中的美国因素》，《社会主义研究》2013 年第 3 期，第 140 页。

② 王宏纬主编：《列国志·尼泊尔》，社会科学文献出版社 2015 年版，第 379 页。

2015—2016 财政年度对尼外国直接投资总额达到 2234 亿卢比。

尼日两国文化交流方面的联系也颇为密切。目前在日尼泊尔公民超过 6 万人，与 2013 年底 31531 人相比，增长势头迅猛。尼泊尔社区也是日本第五大外国社区，每年有近万名尼学生到日本深造和学习日语，日本是尼泊尔学生出国留学仅次于印度的第二大目的地。

尼泊尔政府重视发展对日的友好关系，希望通过接受日本的援助，改善人民生活水平，同时引入日本的技术和投资，改变本国投资单一性，平衡本国的外交关系。

四　尼泊尔与欧盟（欧共体）的关系

尼泊尔于 1975 年正式与欧共体建立外交关系。1992 年，欧共体在加德满都设立技术办事处，尼泊尔在布鲁塞尔设立常驻大使馆。欧盟驻加德满都代表团办事处自 2009 年 12 月起升格为大使级。欧盟是尼泊尔最大的发展伙伴和第二大贸易伙伴（单一贸易集团）。2013 年之前，欧盟主要以两种方式向尼泊尔提供援助：一是在双边基础上，与尼泊尔政府密切合作，制定连续的国家战略文件；二是在多边基础上，通过专题预算项目的形式提供援助。回顾尼泊尔资助方案的历史，第一个资助方案（2001—2006 年）分配给尼泊尔 7000 万欧元，第二个资助方案（2007—2013 年）分配了 1.14 亿欧元。截至 2013 年，欧盟对尼泊尔发展的累计贡献已达 3.6 亿欧元，涉及 70 多个项目。从 2014 年起，欧盟已开始根据其多年期指示性方案（MIP）开展发展合作。欧盟投入 1.46 亿欧元用于支持尼泊尔的农业可持续发展，重点是农业生产力和附加值、创造就业机会、市场准入基础设施和营养（40.5%）；1.364 亿欧元用于教育，目的是改善尼泊尔基础教育、质量、生计技能和弱势群体的公平（38%）；7400 万欧元用于加强民主和分权，包括参与公共财政管理改革、政府在地方和国家两级的努力（20.5%）、剩余的 360 万欧元用于其他措施（1%）。欧盟也是尼泊尔和平信托基金的主要捐助伙伴。

尼泊尔与欧洲投资银行于 2012 年 5 月 7 日签署了金融合作总协议，为欧投行对尼基础设施和能源部门的重大投资铺平了道路。根据协议，欧投行已承诺向总投资为 5 亿美元的塔纳湖 140 兆瓦水电项目提供 5500 万欧元的贷款援助。欧投行还承诺立即向尼泊尔提供总额为 15 亿美元的额外优惠贷款援助。目前，双方就价值 1.2 亿美元的克利根达基—马尔桑迪（Kligandaki – Marsyangdi）走廊输电项目以及价值 3000 万美元的特里舒利（Trishuli）走廊输电线路改造项目进行谈判。

欧盟不仅是尼泊尔的主要贸易伙伴之一，还是尼泊尔第二大出口市场，占了尼泊尔 13% 的出口份额。尼欧贸易中，欧盟主要从尼泊尔进口手工地毯、纺织品、珠宝首饰、木制品、纸制品、皮革制品等商品；而尼泊尔主要从欧盟进口工程货物、电信设备、化学和矿物、金属和钢铁、农产品等商品。自 2001 年起，欧盟根据其对最不发达国家的除武器以外的一切产品（EBA）政策，向尼泊尔出口产品提供免税和免配额的便利。2006—2015 年间，欧盟还对尼推行新的普惠制优惠政策。根据该计划，在除武器弹药外的 1.1 万种产品中，近 2100 种税率将降为零。

同时，欧盟是除印度、美国、中国外向尼泊尔提供人道主义援助的最大来源之一，[1] 并长期致力于尼泊尔灾害管理和减轻灾害项目。自 2001 年以来，欧盟人道主义援助和平民保护部向尼提供了价值 7400 万欧元的人道主义援助，欧盟驻加德满都代表团办事处还于 2014 年 9 月向尼中西部洪灾地区提供 25 万欧元捐款。

---

[1] 《欧共体对尼泊尔援助情况》，中华人民共和国驻尼泊尔联邦民主共和国大使馆经济商务参赞处网站（http: //np. mofcom. gov. cn/article/ztdy/jjfz/200704/20070404525447. shtml）。

第五节 中尼关系发展态势评估

一 中尼政治经济关系的发展

尼泊尔蓝毗尼是释迦牟尼佛的诞生地，相通互鉴的佛教文化促进了中尼两国最早的传统友好关系和文化交流，历史上有东晋法显高僧、唐朝玄奘法师赴印途中先后到访尼泊尔，推动中尼两国佛教文化交流与发展。18世纪末，沙阿王朝入侵西藏，后被乾隆帝派大军击败，尼泊尔自1792年起每五年向清朝进贡一次，朝贡关系一直持续到1908年。随着清帝国的衰落，拉纳家族掌控的尼泊尔于清咸丰五年（1855年）再次派兵入侵西藏。由于清政府疲于应对第二次鸦片战争而无力顾及，最终西藏地方政府在驻藏大臣赫特贺主持下，被迫与尼泊尔签订了不平等条约《西藏廓尔喀条约》，其中规定：西藏每年赔偿1万卢比；廓尔喀商民在西藏可自由经营，不纳赋税；廓尔喀商人犯法，西藏不得处断；廓藏人民之间发生纠纷由双方会同处断；等等。

中华人民共和国成立后，尼泊尔对华态度经历了复杂转变。首先，从长远利益来看，尼泊尔希望同中国保持友好关系，部分领导人主张将发展对华外交关系作为尼泊尔外交的重要组成部分，以此平衡印度对尼泊尔的深度干涉；其次，从主要威胁来看，尼泊尔统治者担心中国的共产主义思想会借此传入尼泊尔，进而威胁君主统治，因而对发展中尼关系有所犹豫[1]；最后，从现实利益来看，尼泊尔希望继续保持在西藏享有的各项特权。最终，中尼双方经过一系列的磋商与谈判，于1956年9月签订了《中华人民共和国和尼泊尔王国保持友好关系以及关于中国西藏地方和尼泊尔之间的通商和交通的协定》（简称"中尼

---

[1] 裴坚章主编：《中华人民共和国外交史1949—1956》，世界知识出版社1994年版，第138页。

协定")。1961 年 9 月，在马亨德拉国王访华期间，中尼双方签订了《中华人民共和国和尼泊尔王国边界条约》，从而通过互谅互让解决边界历史遗留问题，中尼关系驶入快车道。

中尼关系从 2008 年起进入发展新时期。2008 年 8 月，尼泊尔联邦民主共和国首任总理普拉昌达打破惯例，利用参加北京奥运会闭幕式契机到访北京，并与时任中共中央总书记、国家主席胡锦涛举行会谈。2009 年 12 月，内帕尔总理访华期间，中尼两国政府发表《联合声明》，决定在和平共处五项原则基础上，建立和发展世代友好的全面合作伙伴关系。此后，中尼两国高层互访频繁，推动了中尼关系的新发展。

此外，尼泊尔重视发展对华经贸合作与人文交流，积极加入中国"一带一路"倡议。2015 年尼泊尔发生了"4·25 大地震"，中国外长王毅亲赴加德满都参加尼泊尔灾后重建国际会议，宣布中方援尼灾后重建一揽子方案。在大地震发生后，中方对尼及时、有效和慷慨的援助，给尼泊尔人民留下深刻印象，加强了中尼的民心相通，为两国关系的全面发展奠定了民意基础。2016 年 3 月，尼泊尔总理奥利正式访华并出席博鳌亚洲论坛 2016 年年会，并与中方签署了系列经济合作协议，将两国经济关系推向新高度。6 月，尼泊尔副总统普恩来华出席第四届中国—南亚博览会。9 月，尼泊尔副总理兼财政部长马哈拉来华出席第三届西藏旅游文化国际博览会。尼泊尔议长昂萨莉来华出席首届丝绸之路（敦煌）国际文化博览会。10 月，习近平主席出席在印度果阿举行的金砖国家领导人同环孟加拉湾多领域技术经济合作倡议（BIMSTEC）成员国领导人对话会期间，同尼泊尔总理普拉昌达举行双边会晤。2017 年 3 月，尼泊尔总理普拉昌达来华出席博鳌亚洲论坛 2017 年年会；5 月，尼泊尔副总理兼财政部长马哈拉来华出席"一带一路"国际合作高峰论坛高级别会议；7 月，尼泊尔副总统普恩来华出席第 23 届中国兰州投资贸易洽谈会；8 月，时任副总理汪洋访问尼泊尔。2018 年 6 月，尼泊尔总理奥利两次访华。2019

年4月，尼泊尔总统班达里正式访华。① 2019年10月，习近平主席对尼泊尔进行国事访问。

在以高层交往为政治引领和两国政府的共同推动下，中尼两国关系取得重要进展。在经济援助方面，2014—2015财年，中国在对尼经济援助方面首度超过印度，达到3795万美元，援助领域包括交通、工业、教育、医疗、水资源等。在旅游方面，中国从2016年起成为尼泊尔第二大客源国。在进出口贸易方面，2014年中尼进出口总额达23.31亿美元，2015年受地震影响有所减少，此后随尼泊尔经济恢复，两国贸易额进一步攀升。在安全方面，2017年4月，中尼两国陆军在加德满都举行了为期10天的代号为"萨迦玛塔友谊2017"的联合军事演习，以反叛乱和反恐战术为重点，未来中尼将在安全方面加强合作。

二　中尼关系的主要影响议题

第一，中尼贸易逆差问题。由于尼泊尔社会经济长期以来处于低水平增长状态以及不合理的经济结构②，使其出口商品在中国市场上的竞争力较为薄弱，而中国物美价廉的产品在尼泊尔市场上占据了较大份额，从而导致了两国双边贸易逆差较大。对于经济规模较小且技术薄弱的尼泊尔来说，持续增长的贸易逆差将会影响尼泊尔国内经济的发展以及两国政治关系的稳定，成为尼泊尔当前面临的巨大挑战之一，亟须尼政经界人士保持高度关注并制定切实可行的经济政策。

第二，中尼关系中的印美因素。在尼泊尔传统意识中，印度是大国、尼泊尔是小国，尼泊尔在政治经济等方面依赖于印度，而印度则将尼泊尔作为安全战略的缓冲地带。因此，无论是大会党、尼共（联

---

① 《中国同尼泊尔的关系》，中华人民共和国外交部网站（https://www.fm-prc.gov.cn/web/gjhdq_676201/gj_676203/yz_676205/1206_676812/sbgx_676816/）。

② 狄方耀、刘星君：《中国的"一带一路"倡议为尼泊尔社会经济走出困局提供了历史性机遇》，《西藏民族大学学报》（哲学社会科学版）2019年第2期，第54页。

合马列）、尼共（毛主义）还是尼共上台执政，历届政府都将如何处理与印度的关系视为重中之重。印度在尼泊尔的政治博弈中有着远超他国影响的举足轻重的作用，甚至是决定性作用。虽然尼泊尔始终强调在中印间奉行"等距离"的外交政策，但在实际实施过程中，仍然受到印度"扩张主义"左右，从 2015 年 9 月起长达 5 个月的经济封锁就是印度强行干涉尼内政的结果。特朗普上台后，美国将奥巴马时期的亚太"再平衡"战略调整为"印太战略"。如何从地缘政治困境中实现突围，如何探索适合本国国情的发展道路①，如何借助"中尼印经济走廊"平衡三方关系来促进良性互动，如何在维护民族独立、国家主权、领土完整的前提下维持与印度的正常关系，考验着尼泊尔的政治决策者的智慧。②

三　"一带一路"在尼泊尔的推进情况

中国国家主席习近平于 2013 年提出的"一带一路"倡议已于同年 11 月中共十八届三中全会上正式上升为国家发展战略，尼泊尔政府积极响应中国"一带一路"倡议，特别是尼共新政府成立以来，进一步加强了同中国的关系。尼泊尔政府认为"一带一路"建设将给尼泊尔带来更多的资金和物资，推动尼泊尔基础设施建设，加强与周边国家的经济交流与合作，进一步减少地缘经济困境的影响，促进尼泊尔经济全面发展和造福两国民众，同时对整个南亚地区的繁荣发展起到重要的推动作用。

（一）"一带一路"带给尼泊尔的机遇

首先，"一带一路"推动尼泊尔经济的发展。尼泊尔地缘政治位置使其在政治经济发展中极其依赖印度，再加上印度的大国强权政治，

① 王远、张领：《习近平同尼泊尔总统班达里举行会谈》，《人民日报》2019 年 4 月 30 日第 1 版。

② 袁群：《尼泊尔左翼联盟 2017 年大选获胜的原因、影响及其前景》，《社会主义研究》2018 年第 3 期，第 116 页。

尼泊尔的发展之路举步维艰。中国是世界上最大发展中国家、世界第二大单一经济体，每年保持着较高的经济增长速度，中尼两国在"一带一路"倡议框架下加强合作，将会促进两国贸易额不断增长。亚洲基础设施投资银行（AIIB，简称"亚投行"）也会给尼泊尔基础设施建设提供强大的资金支持，同时会与多边援助机构、世界银行、亚开行等协作投资尼方建设的项目。近年来，中资企业在尼投资的数量持续增长，投资额较大的中资企业已经超过30家，涉及水电、航空、矿产、医疗等多个领域。

其次，"一带一路"推动尼泊尔与其他南亚国家的联通。由于尼泊尔基础设施落后，特别是交通运载能力不足，只能通过南部与印度和其他国家进行进出口贸易，北部因喜马拉雅山的阻碍，与中国的有限贸易量仅占其中很少的一部分。"一带一路"能够加深尼泊尔与南亚其他国家的联通，扩大能源进口的渠道，实现经济发展的多样化，客观上有利于增强经济的自主性，减少对印度的依赖。

最后，"一带一路"推动尼泊尔摆脱地缘政治困境。北部与中华人民共和国西藏自治区接壤，东部与印度共和国的锡金邦和大吉岭毗邻，西部与印度共和国的塔兰查尔邦相接，南部则与印度共和国的北方邦和比哈尔邦相连，三面环印一面邻华的特殊地缘位置，使得尼泊尔长期处于印度的压制之下。尼泊尔积极参与"一带一路"建设，将促进其与沿线其他国家（尤其是南亚其他国家）的沟通与交流，有助于其在国际社会政治舞台上的多边交往。

（二）"一带一路"在尼泊尔面临的挑战

"一带一路"在尼泊尔也面临困难与挑战。"一带一路"建设在尼泊尔推进的过程中，取得了基础设施建设、震后救灾重建、经济社会繁荣等一系列惠及当地民众和所在国发展的宝贵成果，但也面临着尼泊尔经济社会发展较为滞后、尼泊尔政党政治斗争依旧激烈以及印美等外部势力的现实挑战。作为世界上极不发达国家之一的尼泊尔，由于长期闭塞的周边环境、纷繁动荡的政治乱局、工旅畸形的经济结构，不仅使得国家在政治转型过程中并未同步实现经济变革和社会发展，而且供需失衡的基础设施建设、难以落实的社会法规体系反过来又加剧了社会发展滞后。由激烈的多党政治引发的党际间和政党内部派系纷争，将两大共产主义政党、最大资产阶级政党大会党和马迪西政党裹挟进来，进而导致政党组织频繁朝合夕离、联合政府接连短命倒台，这些使得尼泊尔各方面发展长期处于原地踏步甚至有所倒退状态。

　　另外，地区霸主印度和域外大国美国频繁插手尼泊尔内部事务，或施以有条件援助，或实行野蛮封锁禁运，或诱导尼泊尔政府做出错误决策，甚至聚拢尼泊尔境内反华反共以及"藏独"分裂势力，破坏中尼关系健康发展和世代友好。

第 二 章

尼泊尔中资企业调查技术报告

第一节　调查方案

2017 年 12 月，尼泊尔调研组初建，招募了来自不同学科背景的师生加入，包括长期从事尼泊尔问题研究的国别专家、有着丰富社会调研理论基础与实践经验的学者、关注当代南亚国际关系问题的师生等。尼泊尔调研环境相对艰苦、调研任务具有挑战性，为了能圆满完成任务，全体成员进行了充分的行前准备。2019 年 4 月，在尼泊尔 2076 年新年之际，调研组正式启程开始实地调研，调研时长 16 天，调研结束后返回云南大学进行数据整理与调研报告的撰写工作。

一　前期准备工作

行前准备是确保调研顺利进行、应对调研风险与困难的重要保障。尼泊尔调研组的行前准备包括五块内容：第一，知识储备，调研组成立之初，组长即组织购买和复印学习资料，涉及尼泊尔的历史、政治、社会、文化等内容，并鼓励学生查阅和整理尼泊尔政治、经济与外交的最新态势。第二，心理建设，即将前往神秘的雪山国度进行田野调查，学生们充满了憧憬，在鼓励学生保持兴趣与好奇心的同时，组长组织学生集中讨论了田野调查可能遇到的困难与挑战，设想应对策略，提前做好心理建设、提升抗打击的心理素质。第三，技能培训，在行前组织了三次技能培训，熟练掌握面访系统以及访问的相关技巧。第四，合作院校，英语在尼泊尔普通工人中的普及度不高，访问需要使用尼泊尔地方语言，因此需要与尼泊尔的大学与研究机构提前建立联系，招募熟练掌握英语与尼泊尔某一地方语言的学生，同时保证招募学生的组织纪律性与责任感。第五，联系企业，寻求中国驻尼泊尔大使馆、云南省驻尼泊尔经商代表处、当地中国商会的帮助，尽可能在出访前熟悉尼泊尔企业情况，并确定部分访问日程，做到有的放矢。

二　开展实地调研

调研组到达尼泊尔加德满都后，第一件事是对招募的 14 名尼泊尔访员进行技术培训，让他们了解调研项目的目的和目标，熟练掌握问卷内容与面访系统，传授访问技巧，并且规范了工作纪律与保密义务。之后，调研组拜访了中资企业协会、云南省经商代表处等机构，说明了调研的用意并寻求支持与帮助。

尼泊尔中资企业协会为我们引荐了部分企业，与此同时，我们也积极通过各种渠道拓展关系。通常来说，每天早晨八点，我们兵分两到三路出发访问企业，下午五点左右收工，结束一天访问之后，我们会利用傍晚的时间进一步联系企业、回传数据、整理资料等，每晚十点左右召开短会，总结工作经验并部署第二天的工作。调研组的全体成员就这样夜以继日地工作了 16 天时间，尼泊尔的访员也认真严肃、坚持不懈地投入工作，很少有请假的情况发生。

为了保证样本的多样性、典型性与代表性，访问不仅在加德满都开展，还前往博卡拉、塔纳湖等地调研，受访企业涵盖了基建、通信、文化传播、制造业、餐饮服务等不同行业，最终调研组完成了中资企业问卷数 42 份，员工问卷数为 481 份。

三　主要调查内容

本次调查使用了两套问卷，一套企业问卷和一套员工问卷，雇主和雇员问卷相互匹配。

企业问卷主要涉及企业的基本信息、生产与销售情况、企业融资结构、固定资产与创新、员工就业与培训、基础设施情况、公共服务以及治理、企业绩效、企业所履行社会责任、在东道国投资的风险与中国形象评价、选择该东道国的投资原因、公司人员结构和公司经营状况指标等方面的情况。

员工问卷主要用于访问在中资企业工作三个月以上的已满 18 岁的东道国员工，主要针对员工目前工作状况与工作环境、就业史、个人与家庭收入、家庭耐用品消费品的使用情况、企业的社会责任等方面进行调查。

四 调查执行过程

本次调查使用了 CAPI（计算机辅助个人访谈）数据收集方法来提高质量控制水平，并通过减少数据录入、编辑和运输硬拷贝问卷到总部的时间来启动更快的数据收集。本次调查主要采用了以下措施对于调查过程和数据质量进行控制：

（一）培训访员

为了完成本次调研任务，云南大学通过与尼泊尔特里布文大学合作，在尼泊尔当地招募了一批有相关调查经验的大学在校教师或研究生作为本次调研的访员，使用尼泊尔语对受访者进行更加高效的访问。以云南大学的中方访员督导与尼泊尔访员共同组成本次调研团队，在正式调查开始之前，调研组对尼泊尔访员们进行了半天的集中培训，培训内容主要有：

1. 阐明项目主题、内容及意义；
2. 调研时长及日程计划；
3. 薪酬安排及奖惩机制；
4. CAPI 系统具体使用；
5. 熟悉问卷及提问技巧。

（二）"双保险"质量核查

调查期间，调查小组以"1＋1＋1＋n"（1位小队长、1位中方督导、1位后勤人员、多位当地访员）的模式分成若干个小分队，由小队长带领前往事先联系好的企业进行访问，为了确保数据的高质量，调研小组采取了实地监督＋后台核查"双保险"核查方式：

1. 督导的语言保障：本次招募的尼泊尔访员均熟练掌握英语，调研组的全体中方成员均可熟练运用英语进行沟通，能够在当地访员访问时，及时沟通并进行应急处理。

2. 后期质量控制：在云南大学访问终端后台，由专门的技术人员、各个语种的留学生和小语种专业学生们组建了核查、质控小组。每天对实时回传的录音文件及问卷进行重听及核查，避免出现由于误听误填等情况而导致的误差，并每天都将所发现的问题与相应的访员进行联系，提醒访员其访问过程中存在的错误，以便访员及时改正。

第二节　企业数据描述

本次调研根据商务部备案的驻尼中资企业名录，参照世界银行和员工调查相关标准（置信度1.64；误差7.50%），涵盖尼泊尔境内不同地区、不同行业的42家中资企业。受访企业的行业类型、规模大小、控股情况等基本符合当前在尼中资企业的限制，具有一定的代表性。

在本次调研访问的中方管理人员中，有部分是企业所有者，其余为企业高层管理人员。表2-1反映了受访者的职务占比，其中可以看到有26.19%是企业所有者，有28.57%为总经理或CEO，二者比重相加超过半数，其余受访者为副总经理或企业其他高管。

表2-1	受访者职务占比	（单位：%）
受访者职务	比重	
企业所有者	26.19	
总经理或 CEO	28.57	
副总经理	11.90	
其他	33.33	

调研取样充分考虑了企业的行业分布，兼顾工业与服务业。从表2-2中可以看到受访企业的行业分布情况，45.24%为工业企业，54.76%为服务业企业，二者比重分配较为均等，其中服务业比例略微偏重。尼泊尔的服务业以传统服务贸易为主，主要是旅行与运输服务，新兴服务贸易领域增长快速，最主要体现为保险服务。近年来，中国的服务出口增速较快，中尼之间发展服务贸易具有天然的优势，两国在旅游、运输、电信服务等领域都有较大合作增长空间。[①] 与此同时，中国对尼工业投资也在迅速增长，突出体现在工业产能与基础设施建设领域。

表2-2	不同行业类型企业占比	（单位：%）
行业类型	比重	
工业	45.24	
服务业	54.76	

本次调研还试图考察中国海外经济开发区的建立与引资情况，但是尼泊尔经开区建设相对滞后。十多年前尼泊尔政府提出要加强经济特区建设投资，但特区建设缓慢，经历了数年的建设筹备，基础设施才逐渐改善，关于特区内企业税收方面的优惠，还没有获得

---

① "一带一路"国别商务丛书编辑委员会编著：《"一带一路"中国—尼泊尔商务报告》，中国商务出版社2018年版，第56—65页。

法律支持。① 目前还没有外资企业大规模入驻经济特区。从表2-3可以看到，受访企业绝大多数不在经开区，比例高达85.71%，位于经开区的企业仅占9.52%，还有4.76%的企业选择了其他选项。我们总共完成了42份企业问卷，位于经开区的企业只有4家，这4家企业基本是工业企业，并且是国有企业居多。位于经开区的企业数量虽少，但具有一定规模，有一定的代表性。至于选择了其他选项的企业，仅有2家，代表性不强，因此后文中，对于选择其他选项的企业不做过多分析。

表2-3	是否在经开区企业占比	（单位：%）
是否在经开区		比重
否		85.71
是		9.52
其他		4.76

本次调研不仅注重企业的行业分布，还兼顾了不同规模的企业。从表2-4可以看到，小型企业占比为52.38%，大中型企业的比重相加为47.62%，二者比重均等。这基本反映了在尼中资企业的规模情况，小型企业数量最多，其次是大型国有企业，中等企业数量相对较少。

表2-4	不同规模企业占比	（单位：%）
企业规模		比重
小型企业		52.38
中型企业		19.05
大型企业		28.57

在尼中资企业成立了中资企业协会和华人华侨协会，二者都是获

---

① 中华人民共和国驻尼泊尔联邦民主共和国大使馆经济商务参赞处：《尼泊尔首个经济特区将于2月正式开放》，2014年1月14日，http://np.mofcom.gov.cn/article/jmxw/201401/20140100459622.shtml。

得中国驻尼泊尔大使馆认可和备案的商会。从表2－5可以看到，在受访企业中，有54.76%加入了尼泊尔中国商会，有45.24%没有加入，可见越来越多的企业倾向于加入中国商会。

表2－5	企业是否加入尼泊尔中国商会占比	（单位：%）
是否加入尼泊尔中国商会		比重
是		54.76
否		45.24

表2－6反映了企业是否有自身工会的情况。从表中可以看到，大多数的企业是没有成立工会的，仅有二成多的企业有自身工会。

表2－6	企业是否有自身工会占比	（单位：%）
是否有自身工会		比重
是		21.43
否		78.57

本次调研兼顾了国企和私企，其中私企的比重略高。从表2－7可以看到，受访企业中国有控股的比例高达40.48%，而非国有控股的比重更高，达到59.52%。这一比例分布基本符合中资企业在尼投资的基本状况。

表2－7	企业是否为国有控股占比	（单位：%）
是否为国有控股		比重
是		40.48
否		59.52

表2－8反映的是受访企业是否在中国商务部备案的情况。从表中可以看到，仅有不到一半的企业在中国商务部备案，另有超过半数的企业尚没有在商务部正式备案。

表2-8	企业是否在中国商务部备案占比	（单位：%）
是否在中国商务部备案	比重	
是	47.37	
否	52.63	

表2-9反映的是企业是否有中国母公司的情况，可以看到大多数受访企业是有中国母公司的，属于中国母公司的分支机构，或是先在中国注册再赴尼投资。但也有35.71%的企业没有中国母公司，直接在尼泊尔注册运营。

表2-9	企业是否有中国母公司占比	（单位：%）
是否有中国母公司	比重	
是	64.29	
否	35.71	

表2-10具体揭示了受访企业中国母公司的类型，可以看到国有企业的比重最高，达到77.78%，其他联营、有限责任公司、私营企业和私营合伙的比重均不高，各有一到两家。

表2-10	企业中国母公司类型占比	（单位：%）
中国母公司类型	比重	
国有	77.78	
其他联营	3.70	
有限责任公司	7.41	
私营企业	7.41	
私营合伙	3.70	

表2-11反映的是受访企业注册和运营时间分布情况。2001年以

前，在尼泊尔注册和运营的数量较少，并且呈逐年下降的趋势，在2001—2005 年间，没有任何一家中资企业是在该时间段注册或运营的。到 2005 年以后，中国企业注册运营的数量呈现快速上升的趋势，一直到 2011—2015 年又迎来一个重要的时间节点，从 2015 年以来，在尼注册和运营的中资企业数量保持在平稳的状态，与尼泊尔本国的政治局势有密切关系。20 世纪 90 年代，尼泊尔爆发全国规模的"人民运动"，整体政治局势不稳定，到 2001 年王室血案发生，贾南德拉解散政府亲政，使得尼泊尔的营商环境日益恶劣。动荡的政治局势直接影响了中国企业在尼投资，这种现象到 2006 年才开始好转。2006 年主要政党结成"七党联盟"，要求恢复议会。2007 年临时宪法颁布后，尼泊尔的政治局势好转，逐渐趋于稳定，也吸引了更多中国投资。

表 2–11　　　　　　　　企业注册时间与运营时间分布　　　　　（单位：%）

年份	注册	运营
1995 年以前	5.56	7.32
1996—2000	2.78	0.00
2001—2005	0.00	0.00
2006—2010	19.45	17.08
2011—2015	36.13	36.60
2016 年以来	36.11	39.03

表 2–12 反映了企业有无女性高管的情况，可以看到有 52.38% 的企业有女性高管，这个比例不低，甚至高于没有女性高管的企业。但反过来思考，仍有 47.62% 的企业没有女性高管、管理层均为男性，这说明在尼中资企业中仍然存在一定程度的性别歧视，这与海外工作的特殊性有关，也与尼泊尔当地的文化和国情有关。

表 2 - 12	公司高层有无女性占比	（单位：%）
有无女性高管		比重
有		52.38
无		47.62

第三节　员工数据描述

　　本次调研试图考察在中资企业工作的尼泊尔籍员工的就业与收入情况、情感认知与认同等情况，为此我们采集了来自42家不同行业、不同规模的中资企业中481名尼泊尔籍员工的数据，这些员工的性别、年龄、族群、宗教信仰、受教育程度以及在企业中担任的岗位均有所不同。

　　图2-1反映了调查样本的年龄分布情况。由图可知，女性受访者的占比随年龄增长而明显下降，高达59.7%的女性受访者年龄在16—25岁，26—35岁之间女性受访者的比例下降到33.58%，36岁及以上的女性受访者的比例进一步下降到仅6.72%。与之相比，男性受访者的年龄分布很平稳，16—25岁的男性受访者比例为33.43%，26—35岁的男性受访者占比34.01%，36岁以上男性受访者比例为32.56%。之所以出现基于性别的员工年龄分布的明显差异，主要原因可能是大量女性员工婚后选择回归家庭，或生育子女后退出职场，因为26—35岁恰是结婚生育的高峰期。受访者的受教育程度存在较大的差异。从图2-2可以看到，在481个受访者样本中，近一半的样本为中学及以下学历，其次是本科及以上学历。其中，本科及以上学历的受访者中，男性占比为22.77%，女性占比则高达33.58%，受访者中的高学历女性人数比男性高出一成。此外还有17.29%的男性受访者仅有小学学历，甚至有10.37%的男性没有接受过正规教育。

　　这在一定程度上可以反映尼泊尔整体的教育水平不高。据了解，

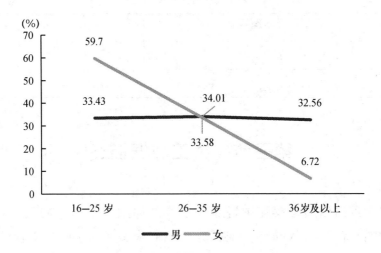

图 2 - 1　按性别划分的员工年龄分布（N = 481）

尼泊尔教育体系沿袭了英国殖民印度时期的教育制度，建立了较为完善的教育体系，包括小学（1—5 年级）、初级中等教育（6—8 年级）、中等教育高中（9—10 年级）、高级中等教育（11—12 年级）、高等教育（本科 3 年、硕士 2 年、博士 3 年），除此之外还包括学前教育、职业教育、远程教育、特殊教育、女童教育等多种教育形式。[①] 虽然具有较为完善的教育体系，但是由于缺乏资金支持，导致教学设施落后、失学率高。

　　至于受访者教育程度所反映的性别差异，与整体抽样情况有一定关系。调研样本覆盖不同的行业，其中包括建筑、制砖等重体力劳动的行业，这些行业对受教育程度要求较低，工作人员主要为男性，较少有女性参与，这在一定程度上导致了图中反映出来的性别差异，即接受高等教育的女性受访者占比较高，而小学及以下教育程度的女性受访者比例相对较低。

———————

　　① 中华人民共和国驻尼泊尔大使馆：《尼泊尔现行教育体制》，http：//np. china - embassy. org/chn/jy/t363761. htm。

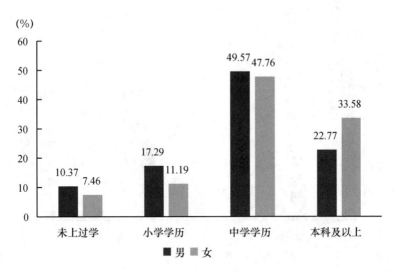

图 2 - 2　按性别划分的员工受教育程度分布（N = 481）

图 2 - 3 是受访员工的族群分布情况。尼泊尔国土面积虽不大，但生活着众多的民族，他们肤色不一、语言各异、风俗习惯千差万别、民族服饰五彩缤纷，就像是一个民族博物馆。尼泊尔有数十个民族，大体可以分为三大类：第一类是自远古时期就定居在尼泊尔的民族，他们体型上多属蒙古人种，语言多属藏缅语族，其先民多信仰佛教或萨满教，后在印度教的影响下，很多人改信印度教，属于这一类的民族有马嘉族、尼瓦尔族等；第二类是古代从中国西藏移入的民族，他们多居住在靠近中尼边境的北部高山地带，人数较少，比如夏尔巴族等；第三类是自中世纪以来从印度进入的民族，其中拉吉普特人来到尼泊尔后，经过世世代代与当地居民的融合，已经完全尼泊尔化了。此外，还有很多近现代时期才移民到尼泊尔的印度民族，他们保持了印度教的种姓制度，其民族成分各异。[1]

本调查报告列举了占尼泊尔人口数最多的几个民族。卡斯族，又

① 王宏纬：《尼泊尔——人民和文化》，昆仑出版社 2007 年版，第 220—222 页。

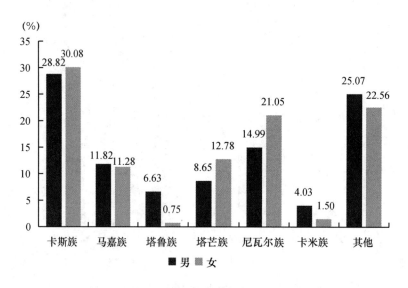

图 2-3 按性别划分的员工族群分布（N=480）

称卡人，最早生活在喜马拉雅山麓的西部地区。公元前1500—前1000年间，卡斯族经西藏从加瓦尔进入印度，在印度居住了一段时期，公元10世纪前后又从印度迁回尼泊尔。今天的尼泊尔，卡斯族是人数最多的民族（占全国总人口的30%左右），分布最广，在尼泊尔文化和社会生活中扮演着中枢性的作用。他们笃信印度教，民族内部坚持印度教的种姓制度，族人被划分为不同的种姓，其中的婆罗门种姓（也叫巴洪）的族人受教育程度相对较高，就业机会也更多。尼瓦尔人是加德满都谷地最早的居民，体态有着蒙古人种的特征，但是在长期的民族融合中深受印度文化的影响，多信仰印度教，值得一提的是，尼瓦尔人还有供奉"活女神"的习俗。尼瓦尔民族生性爱好和平，有着艺术和经商方面的才能。马嘉人则在信仰印度教的社会中是人口最多的民族，他们是蒙古人种，语言属藏缅语系。该民族以诚实、勇敢、守纪律、性格开朗著称，很多族员在军事部队中表现出众，还有很多人从事建筑和采矿行业。塔鲁人主要生活在特莱平原地区，肤色较黑、体型较瘦，属于蒙古人种，也吸收了很多非蒙古人种的特征。该族主要从事农耕，喜欢唱歌跳舞，有着一些原始的信仰和多神崇拜，长期在恶劣的生存环境中生活使得他们有着较强的抵抗疾病的能力。塔芒人是西部地区较为主要的民族，以务农为生，信仰佛教，但也保留着一些萨满教的痕迹。生活在加德满都地区的塔芒人，其中大多数祖上曾在印度生活过几代，他们受过较好的教育，有着体面的工作。①

中资企业的员工族群分布情况基本上反映了尼泊尔不同族群的人口分布特征。卡斯族人数最多，占了全部受访员工的三成左右，其次是尼瓦尔族、马嘉族、塔芒族。除了这些主要的民族，还有大量的员工来自其他族群。调研的过程中，一些在尼泊尔工作时间超过 10 年的有经验的中资企业管理者表示，他们已经可以通过外貌特征区分主要的民族，并根据不同民族的性格特征来选人用人。

尼泊尔有很多宗教，宗教对人们的生活有着极为广泛的影响。其中，由于信众最多，印度教与佛教对社会生活的影响最深刻。尼泊尔是佛祖的诞生地，但佛教最先产生于印度，而后才传入尼泊尔。从公元 8 世纪左右开始，印度教强势传入尼泊尔，通过打击佛教徒、焚毁佛教经典的残酷方式，经过数个世纪逐渐获得了尼泊尔国教的地位。除此之外，尼泊尔还有 100 万左右的穆斯林，他们大部分生活在尼泊尔南部，长期以来主要以务农为生，还有少部分穆斯林从事缝纫、理发等职业，在政府或企业供职的穆斯林很少。

表 2−13 描绘了受访员工宗教信仰的分布情况。如表所示，不信仰任何宗教的员工极少，其中，信仰印度教的人数最多，81.56% 的男性受访者与 74.63% 的女性受访者信仰印度教。除此之外，信仰佛教的受访者也较多，尤其是女性。

---

① 王宏纬：《尼泊尔——人民和文化》，昆仑出版社 2007 年版，第 239—386 页。

表 2 – 13 　　　　　　　　**按性别划分的员工宗教信仰分布** 　　　　　（单位：%）

性别　　　　宗教信仰	男	女
印度教	81.56	74.63
佛教	12.97	17.91
伊斯兰教	0.58	0.00
尼泊尔部落原始信仰	0.00	0.75
其他	4.61	5.97
不信仰任何宗教	0.29	0.75
合计	100.00	100.00

N = 481。

　　根据图 2 – 4 可观察到，受访员工中男女婚姻状况差异较大。男性受访者中有 62.25% 的人已婚，仅有 37.18% 单身或未婚。而女性受访者的婚姻状况刚好相反，有 67.16% 的人未婚，有 32.84% 的已婚。结合图 2 – 1 受访者的年龄分布进行分析，有 59.7% 的女性受访者年龄在 25 岁以下，因为已婚女性仍然继续工作的毕竟是少数。

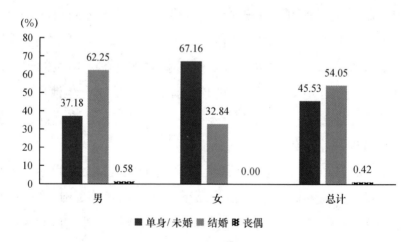

图 2 – 4　按性别划分的员工婚姻状况分布（*N* = 481）

　　从受访员工出生地分布的柱状图可以看到，六成以上的受访者来自农村地区。这与尼泊尔的国情有关，尼泊尔是世界上最不发达的国家之一，城市化与工业化都处于起步阶段，大约2/3的人口生活在农业地区，以务农为生。

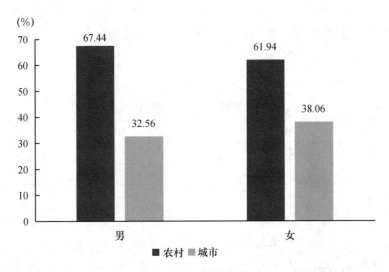

图2-5　按性别划分的员工出生地分布（N=481）

　　由于受访者的年龄不同，受教育程度也有所不同。正如表2-14所示，15—25岁年龄段的受访者中有61.22%接受了中学教育，有22.45%接受了本科及以上教育。在26—35岁这个年龄段，受过本科及以上教育的人数超过三成。36岁及以上受访者受教育情况不理想，中学及以上学历的比例不足五成。这在一定程度上可以说明尼泊尔的教育改善的情况明显，尤其是未受教育的群体人数正在显著减少。

表2-14　　　　　　　　　　**按年龄组划分的员工受教育程度分布**　　　　（单位：%）

最高学历	15—25岁	26—35岁	36岁及以上
未受过教育	2.04	4.29	28.69
小学学历	14.29	11.66	22.95
中学学历	61.22	47.85	31.15
本科及以上	22.45	36.20	17.21

N=481。

从年龄组划分看员工出生地分布，值得注意的是在 25 岁以下的群体中，有超过七成的受访者来自农村地区（71.94%），比 26 岁以上群体中农村人的占比高出一成。表 2 - 15 反映出近 10 年来，尼泊尔的城市化进程并没有取得特别的突破与显著的发展。与此同时，有越来越多的农村青年倾向于较早到城市里工作。

表 2 - 15　　　　　　　按年龄组划分的员工出生地分布　　　　　　（单位：%）

出生地	15—25 岁	26—35 岁	36 岁及以上
农村	71.94	60.74	63.11
城市	28.06	39.26	36.89

$N = 481$。

表 2 - 16 反映的是不同年龄段的受访者的族群分布情况，可以看到不同年龄段的族群分布有较明显的差异性。在 17—25 岁的受访者中，选择其他民族（31.79%）的比例最高，其次分别是卡斯族（22.56%）、马嘉族（14.87%）和塔芒族（14.36%）；在 26—35 岁的受访者中，卡斯族的比例最高（36.81%），其次是尼瓦尔族（20.86%）和其他民族（19.63%）；在 36 岁及以上受访者中，卡斯族（29.51%）的占比仍然最高，其次是尼瓦尔族（23.77%）、其他民族（18.85%）和马嘉族（15.57%）。

表 2 - 16　　　　　　　按年龄段划分的受访者族群差异　　　　　　（单位：%）

	17—25 岁	26—35 岁	36 岁及以上	总计
卡斯族	22.56	36.81	29.51	29.17
马嘉族	14.87	4.91	15.57	11.67
塔鲁族	5.13	4.29	5.74	5.00
塔芒族	14.36	8.59	4.10	9.79
尼瓦尔族	8.72	20.86	23.77	16.67
卡米族	2.56	4.91	2.46	3.33
其他	31.79	19.63	18.85	24.38

$N = 480$。

图 2 - 6 反映了管理人员和非管理人员的年龄差异，可以看到 26—35 岁这个年龄段中管理人员相对非管理人员的比例最高。具体来看，在 16—25 岁的受访者群体中，绝大多数是非管理人员（91.84%）；26—35 岁的受访者中，有超过二成属于企业的管理人员（22.70%），明显高于平均值；在 36 岁及以上群体中，有 15.57% 属于管理层。

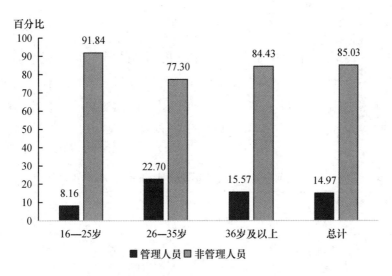

图 2 - 6　管理人员与非管理人员的年龄差异（N = 481）

在受访员工中，有刚刚参加工作不久的，也有在企业中工作了 6 年以上的。表 2 - 17 显示了不同年龄段的受访员工的年龄分布情况，可以看到 16—25 岁受访者中，有将近二成在受访企业中工作不到 1 年，有超过半数工作时间为 1 年，工作至 6 年及以上的比例极小；在 26—35 岁的受访者中，超过半数工作时间为 1 年或以下，另有三成左右的员工工作时长为 2—4 年，工作时长超过 5 年的为数不多；在 36 岁及以上受访者中，工作时间为 1 年或以下的占比也将近六成，工作时间超过 6 年的达到 17.21%，占比很高。总的来看，在尼中资企业的员工，工作时间为 1 年及以下的比例很高，能够工作到 2—4 年的数量很少，36 岁及以上群体中有相当比例工作了 6 年以上，实属难得。

表2-17　　　　在当前企业工作时长不同的员工的年龄差异　　　　（单位：%）

	不足1年	1年	2年	3年	4年	5年	6年	6年以上
16—25岁	18.88	50.51	14.29	7.14	4.59	2.55	0.51	1.53
26—35岁	14.72	36.81	14.72	12.88	7.36	6.75	0.61	6.13
36岁及以上	18.03	39.34	12.30	2.46	7.38	1.64	1.64	17.21
总计	17.26	43.04	13.93	7.90	6.24	3.74	0.83	7.07

N=481。

　　表2-18反映了在中资企业工作时长不同的员工的性别差异。从表中可见，在男性中，工作时长占比最多的分别是1年、不足1年和2年，三者相加比例超过了70%。在女性中，工作时长占比最多的依次是1年、2年、3年，三者占比相加将近80%。

表2-18　　　　在当前企业工作时长不同的员工的性别差异　　　　（单位：%）

	不足1年	1年	2年	3年	4年	5年	6年	6年以上
男	20.17	41.50	12.39	6.05	7.49	3.46	1.15	7.78
女	9.70	47.01	17.91	12.69	2.99	4.48	0.00	5.22
总计	17.26	43.04	13.93	7.90	6.24	3.74	0.83	7.07

N=481。

第 三 章

尼泊尔中资企业生产经营状况分析

自中国政府提出"一带一路"倡议以来，尼泊尔政府积极响应和推动中尼投资与贸易互动，加上近年来尼泊尔国内政局趋于稳定、营商环境有所改善，中资企业赴尼投资增多，中尼双方都从中受益良多。然而，很多报道也显示出，中资企业在尼投资与运营仍然面临诸多挑战与风险。本调查的目的之一就是通过数据收集，直观地揭示在尼中资企业生产经营过程中面临的风险、困难、社会责任及中国形象的塑造等问题。本章主要聚焦在尼中资企业的分布与生产经营情况，针对采样的42家企业，调查了公司注册与运营时间、注册资金与实际投资额、企业股权结构及变动情况、企业母公司类型、商务部备案情况、参加海外中国商会的情况、生产销售状况、竞争压力情况、融资结构、经营状况等诸多问题，以期对在尼中资企业的基本状况有直观全面的呈现。

第一节　尼泊尔中资企业基本情况分析

本节重点关注尼泊尔中资企业的基本状况，包括注册、生产经营、股权等基本信息。图3-1反映的是在尼中资企业控股情况，可以看到中国私人控股和中国国有控股是最主要的两种控股形式。中国私人控股占比高达 50.02%，中国国有控股的占比高达 40.48%，二者相加占了全部调研企业的 90.5%。另外还存在少数的其他控股形式，分别是尼泊尔私人控股（7.12%）和尼泊尔国有控股（2.38%）。

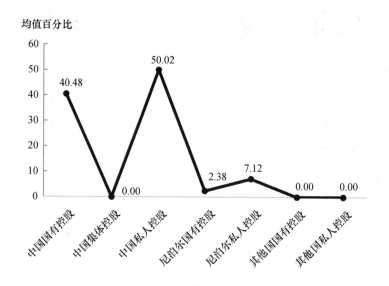

图 3-1　企业股权占比分布

表 3-1 是在尼中资企业注册时长与股权变化的情况，从表中可见，注册超过 5 年的企业股权变化情况略高于注册低于 5 年的公司。在注册超过 5 年的企业中，中国股东股权变化情况是，有 81.82% 一直控股，有 13.64% 一直不控股，有 4.55% 以前不控股；尼泊尔股东股权变化情况是，有 85.71% 一直不控股，有 14.29% 一直控股。在注册时间低于 5 年的企业中，中国股东股权变化情况是，有 95% 是中国股东一直控股，只有 5% 一直不控股，尼泊尔股东股权变化正好相反，有 95% 一直不控股，只有 5% 一直控股，在 5 年内没有发生明显的控股变化。

表 3 - 1　　　　　　　　企业母公司的股权变化状况　　　　（单位：%）

	中国股东股权变化				尼泊尔股东股权变化				其他国家股东股权变化			
	一直控股	以前控股	以前不控	一直不控	一直控股	以前控股	以前不控	一直不控	一直控股	以前控股	以前不控	一直不控
注册超过 5 年	81.82	0.00	4.55	13.64	14.29	0.00	0.00	85.71	0.00	0.00	0.00	100.00
注册低于 5 年	95.00	0.00	0.00	5.00	5.00	0.00	0.00	95.00	0.00	0.00	0.00	100.00

在尼中资企业股权变化受到有无母公司这一变量的影响也不大，有中国母公司的企业的股东股权变化略大于无中国母公司的企业。从表 3 - 2 可以看到，有中国母公司的企业中，中国股东一直控股的占88.89%，一直不控股的有 7.41%，有 3.70%以前不控股，尼泊尔股东一直控股的只有 7.41%，有 92.59%一直不控股。在无中国母公司的企业中，股权几乎没有变化，中国股东一直控股的占比为 86.68%，一直不控股的占有 13.33%，尼泊尔股东一直控股的占有 14.29%，一直不控股的有 85.71%。

表 3 - 2　　　　　　　　企业母公司的股权变化状况　　　　（单位：%）

	中国股东股权变化				尼泊尔股东股权变化				其他国家股东股权变化			
	一直控股	以前控股	以前不控	一直不控	一直控股	以前控股	以前不控	一直不控	一直控股	以前控股	以前不控	一直不控
有中国母公司	88.89	0.00	3.70	7.41	7.41	0.00	0.00	92.59	0.00	0.00	0.00	100.00
无中国母公司	86.68	0.00	0.00	13.33	14.29	0.00	0.00	85.71	0.00	0.00	0.00	100.00

图 3 - 2 反映了在尼中资企业公司类型的分布情况，可以看到国有企业占据大多数，比例高达 77.78%，而其他几类占比较小，私营企业和有限责任公司均占比 7.41%，私营合伙和其他联营均占比 3.70%。调研的 42 家企业的企业类型是经过筛选的，兼顾了各种类型的企业，具有一定的代表性。在尼泊尔的中资企业中，水利水电等大型基础设施投资项目占大多数，这与尼泊尔极其丰富的水资源密切

相关，这类大型基建项目需要依赖坚实的国内母公司的支持，大多是国有企业。另外，尼泊尔也有大量的中小企业和微小企业，是私人投资的，包括家具制造、酒店经营、餐饮行业、图书销售、物流行业、税务行业、快递公司、旅行社等，也形成了一定的影响力和竞争力。

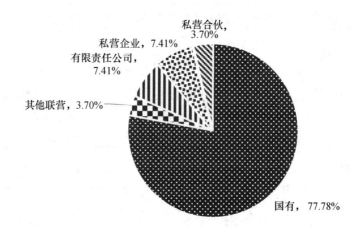

图 3 - 2　企业母公司类型百分比分布

表 3 - 3 是关于在尼中资企业是否在经开区的情况，由表可知在尼泊尔经开区的企业，只有国有企业；不在经开区的企业中，既有国有企业（72.73%），也有私营（9.09%）、有限责任（9.09%）、私营合伙（4.55%）、其他联营（4.55%）。

表 3 - 3　　　　　　是否在经开区企业母公司类型交互表　　　　（单位：%）

是否在经开区	国有企业	其他联营	有限责任	私营企业	私营合伙
否	72.73	4.55	9.09	9.09	4.55
是	100.00	0.00	0.00	0.00	0.00
其他	77.78	0.00	0.00	0.00	0.00

图 3 - 3 反映的是在尼中资企业在中国商务部备案的年份分布情况。

从图中可以看到从 2010 年以来在中国商务部备案的企业数量迅速增多，从 2006—2010 年的 0 迅速上升至 2011—2015 年的 66.67%，在 2015 年以后稍有回落，2016 年降至 24.99%。这再次说明 2010 年以后尼泊尔营商环境逐渐改善，迎来了中资企业赴尼投资的一个高峰期，在 2015 年后相对稳定且有所回落。同时与图 3-1 相比较，中资企业在尼投资绝大部分都在中国商务部进行了备案，相比在尼注册和运营时间，在商务部备案的时间稍有滞后。

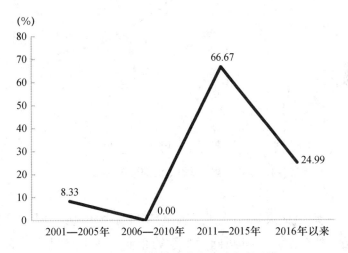

图 3-3　企业在中国商务部备案年份分布

第二节　尼泊尔中资企业生产经营状况

一　企业生产状况

下列几张图表反映企业生产及市场竞争状况。从图 3-4 可以看到企业每周平均营业时间分布，高达 35% 的企业每周营业时间为 41—50 小时，如果按照尼泊尔每周工作 6 天的惯例来计算，每天工作时间为 6.8—8.3 个小时，属于正常水平。但仍有不少企业每周营业时间超过 61 个小时，运营时间在 61—70 小时的企业占比为 17.50%，在 70 小时以上的企业占比为15%，也即是说，有超过三成的中资企业每周工作时间超过61小时，每天工作时长在10小时以上（按照每周工作6天的惯例计算）。

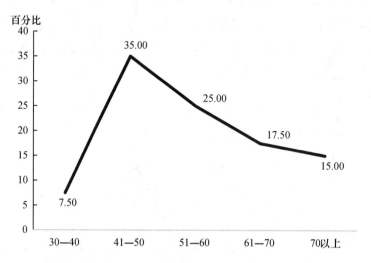

图3-4　企业每周平均营业时间分布（单位：小时）

表3-4则全面反映了企业产品的主要销售市场状况。首先，按照注册时长来观察，注册时间低于5年的企业，企业产品主要针对企业所在地本身（47.37%），兼顾尼泊尔国内市场（47.37%），也有少量产品销往中国（5.26%）。注册时间超过5年的企业中，仍然主要针对本地（45%），且有更多产品可以销往尼泊尔其他地区（50%），销往中国的产品比例很少（5%）。相比之下，注册时长对产品销路的影响不太大。

其次，是否在经开区对企业产品销路的影响较大。在尼泊尔经开区的企业，其产品更多地销往尼泊尔国内各个地区（75%），对本地市场的依赖度相对较小（25%），而那些不在经开区的企业，产品更多依靠本地市场（45.45%）。

再次，是否在商务部境外投资备案，对于企业产品销路有一定影响，但影响不大。在商务部境外投资备案的企业中，产品几乎不销往中国，有一半商品销往本地市场，有一半商品销往尼泊尔国内其他地区。而未在商务部境外投资备案的企业中，有少部分的商品会销往中国（5.88%），绝大多数商品服务本地市场（41.18%）或销往尼泊尔其他地区（52.94%）。

最后，是否加入尼泊尔的中国商会，对企业产品销路的影响较大。那些加入了尼泊尔的中国商会的企业，他们的产品往往有更广阔的销路，不仅依靠本地市场（36.36%），而且可以开拓尼泊尔全国不同地区的市场（54.55%），还有将近一成的产品可以销往中国（9.09%）。而没有加入尼泊尔的中国商会的企业，更多地依赖本地市场（58.82%）。

表3-4	不同类型企业产品的市场份额分布		（单位：%）
	本地	尼泊尔国内	中国
注册超过5年	45.00	50.00	5.00
注册低于5年	47.37	47.37	5.26
不在经开区	45.45	48.48	6.06
在尼泊尔经开区	25.00	75.00	0.00
其他	100.00	0.00	0.00
在商务部境外投资备案	50.00	50.00	0.00
未在商务部境外投资备案	41.18	52.94	5.88
加入尼泊尔的中国商会	36.36	54.55	9.09
未加入尼泊尔的中国商会	58.82	41.18	0.00

企业主营产品的市场分布则有不同的特点。企业主营产品面向中国国内的很少，小于10%。主营产品面向企业所在地本身的也不多，大部分企业的主营产品是面向尼泊尔全国的。

表3-5　　　　　　　　　　　企业主营产品的市场份额分布

	小于1%	1%—10%	11%—20%	21%—30%	31%—50%	51%—70%	71%—100%
本地	16.67	58.33	8.33	0.00	8.33	0.00	8.33
尼泊尔国内	12.50	43.75	12.50	12.50	6.25	6.25	6.25
中国	50.00	50.00	0.00	0.00	0.00	0.00	0.00

表3-6反映了企业在尼泊尔的定价方式，从表中可以看到如下现象。首先，注册时间对于企业在尼泊尔的定价方式影响不太大。注册超过5年的公司中，最主要的定价方式依次是市场定价（50%），成本加成（20%）和其他方式（15%）。注册低于5年的公司中，最主要的定价方式依然是市场定价（45%）和成本定价（30%）。新注册的公司，按照成本加成来定价的比例明显高于注册超过5年的公司。

表3-6　　　　　　　　　企业在尼泊尔的定价方式分布　　　　　　（单位：%）

	市场定价	成本加成	政府定价	买方议价	其他方式
注册超过5年	50.00	20.00	5.00	10.00	15.00
注册低于5年	45.00	30.00	10.00	5.00	10.00
不在经开区	44.12	26.47	5.88	8.82	14.71
在尼泊尔经开区	50.00	25.00	25.00	0.00	0.00
其他	100.00	0.00	0.00	0.00	0.00
在商务部境外投资备案	50.00	22.22	5.56	5.56	16.67
未在商务部境外投资备案	52.63	21.05	5.26	10.53	10.53
加入尼泊尔的中国商会	33.33	33.33	14.29	4.76	14.29
未加入尼泊尔的中国商会	63.16	15.79	0.00	10.53	10.53

其次，是否在尼泊尔经开区对企业定价方式有一定的影响。最突出地表现在政府定价的问题，不在经开区的企业中只有5.88%会采取政府定价，而在尼泊尔经开区的企业中，有25%要依靠政府定价。但无论是否在经开区，最主要的两种定价方式仍然是市场定价和成本

加成。

再次，是否在商务部境外投资备案，对于企业在尼泊尔的定价方式几乎没有影响。主要的定价方式均为市场定价和成本加成。

最后，是否加入尼泊尔的中国商会，对于企业定价方式影响较大。在加入尼泊尔中国商会的企业中定价方式非常多元，有33.33%依靠市场定价，有33.33%依靠成本加成，有14.29%依靠政府定价，4.76%通过买方议价的方式。在那些没有加入商会的企业中，定价方式相对单一，大部分依靠市场定价，比重高达63.16%，均不考虑政府定价。

注册时间、是否在经开区、是否在商务部境外投资备案、是否加入中国商会，这4个变量对于企业产品出口类型分布有明显的影响。从表3－7可见，注册超过5年的企业，主要的出口类型是原始设备制造商（33.33%）及其他（66.67%），而注册低于5年的企业，主要出口类型是原始设计制造商（33.33%）及其他（66.67%）。

表3－7　　　　　　　　　　企业产品出口类型分布　　　　　　　　（单位：%）

	原始设备制造商	原始设计制造商	其他
注册超过5年	33.33	0.00	66.67
注册低于5年	0.00	33.33	66.67
不在经开区	0.00	20.00	80.00
在尼泊尔经开区	100.00	0.00	0.00
在商务部境外投资备案	50.00	0.00	50.00
未在商务部境外投资备案	0.00	25.00	75.00
加入尼泊尔的中国商会	0.00	25.00	75.00
未加入尼泊尔的中国商会	50.00	0.00	50.00

在尼泊尔经开区的企业，全部出口原始设备（100%），而不在经开区的企业，有二成从事原始设计制造，八成从事其他出口。

在商务部境外投资备案的企业，有半数主要出口原始设备制造

（50%）。没有在商务部境外投资备案的企业中，有 1/4 是原始设计制造商，剩余的企业从事其他行业。

在加入了尼泊尔的中国商会的企业中，有 1/4 是原始设计制造商，其余的从事其他出口。而未加入尼泊尔中国商会的企业中，有半数是原始设备制造商，其余的从事其他出口。

下列几张表显示的是在尼中资企业面临的竞争压力的情况。从表 3 – 8 可以看到中资企业在尼泊尔的主要竞争压力来自外资同行，而较少来自尼泊尔同行。这种情况在工业行业中尤为明显，有超过八成的竞争压力来自外资同行，仅有不到二成来自尼泊尔同行，这与尼泊尔工业发展落后有关。与工业相比，尼泊尔的服务业有一定的竞争力。在服务业中，中资企业的竞争压力有六成多来自外资同行，有近四成来自尼泊尔当地企业。

表 3 – 8　　　　　　　　　不同行业类别竞争压力的主要来源　　　　　（单位：%）

	尼泊尔同行	外资同行
工业	18.18	81.82
服务业	38.46	61.54

从表 3 – 9 可以看到，大部分的中资企业感到同业竞争越来越激烈，当然，竞争压力也随着不同行业、是否在商务部境外投资备案、是否加入商会等变量，有一定的变化。在工业领域，六成以上企业感到竞争更激烈，有近三成感到没什么变化，只有 5.88% 的企业表示更好经营。在服务业领域，同样有六成以上的企业感到竞争更激烈，但也有将近二成的企业表示更好经营。

在商务部境外投资备案的企业中，有高达八成的企业感到竞争与日俱增，相比之下，未在商务部境外投资备案的企业中，只有半数企业感到竞争加剧，剩余的半数企业认为竞争压力平稳，甚至更好经营。

加入尼泊尔的中国商会的企业中，有六成认为竞争日益增多，有四成认为没有变化或更好经营。相比之下，那些尚未加入商会的企业，其竞争压力明显要高于加入商会的企业，有七成企业认为竞争与日俱增，仅有一成稍多的企业感到更好经营了。

表3-9　　　　　　　近五年来企业的竞争状况变化情况　　　　（单位：%）

	更好经营	没有变化	竞争更激烈
工业	5.88	29.41	64.71
服务业	19.05	14.29	66.67
在商务部境外投资备案	6.25	12.50	81.25
未在商务部境外投资备案	22.22	27.78	50.00
加入尼泊尔的中国商会	14.29	23.81	61.90
未加入尼泊尔的中国商会	11.76	17.65	70.59

　　具体到竞争压力的来源，则可能存在价格竞争、质量竞争、广告战等不同的竞争方式。从表3-10中可以明显看到，虽然不同行业的情况会有所不同，但所有在尼中资企业面临的最主要的压力是来自产品质量本身的竞争。具体来说，工业行业有将近六成的企业感到来自质量竞争的压力越来越多；在服务业中的竞争压力来源则比较分散，有四成认为质量竞争压力大，有二成认为来自广告战的压力激烈，还有近二成认为价格竞争也是压力的来源。

　　是否在商务部境外投资备案，对于企业面临的竞争方式影响并不明显，均有五成多认为质量竞争最为激烈，一成多感觉价格竞争最重要，还有一部分企业感受到广告战带来的压力，或是认为竞争方式并没有太大变化。

　　是否加入尼泊尔的中国商会，对于企业面临的竞争方式影响也并不明显，有二成左右感到竞争方式没有太大变化，有五成左右感受到来自质量方面的竞争，另一些来自价格和广告战方面的竞争压力。

表 3 – 10　　　　　　　　近五年来企业的竞争方式变化情况　　　　　　（单位：%）

	没有变化	价格竞争更激烈	质量竞争更激烈	广告战更激烈	其他
工业	26.32	10.53	57.89	5.26	0.00
服务业	13.04	17.39	43.48	21.74	4.35
在商务部境外投资备案	16.67	11.11	55.56	16.67	0.00
未在商务部境外投资备案	25.00	10.00	50.00	10.00	5.00
加入尼泊尔的中国商会	17.39	13.04	52.17	17.39	0.00
未加入尼泊尔的中国商会	21.05	15.79	47.37	10.53	5.26

　　下列几张表格反映了在尼中资企业自主程度的情况。表 3 – 11 是不同行业类型的企业的自主情况，可以看到工业和服务业企业，在产品生产、产品销售、技术开发、新增投资、员工雇佣方面的自主程度有很大不同。在产品生产环节，服务业的自主性相对较高，有 66.67% 拥有完全自主性，而工业行业，只有 47.37% 拥有完全自主性，比服务行业少了近 20 个百分点。在产品销售环节，工业的自主性受到较大约束，仅有 16.67% 有完全的自主性，而高达 38.89% 认为几乎不存在任何自主性；与之相反的是，在服务业领域，高达 77.27% 的企业认为销售方面有完全自主性，没有任何企业选择自主性低于 49%。在技术开发领域，服务业领域再次显示出了更大的自主性，有 63.64% 选择了拥有完全自主性，只有 13.64% 认为几乎没有自主性，而在工业行业，只有 47.37% 认为拥有完全自主性，有 31.58% 认为几乎没有自主性可言。在新增投资方面，服务业的自主性优势就更加明显了，高达 63.64% 的服务业企业认为完全拥有自主性，只有 22.73% 认为几乎没有自主性，而工业行业的情况恰好相反，有 61.11% 的企业认为几乎没有自主性，只有 11.11% 认为拥有完全自主性。最后，在员工雇佣方面，服务业和工业都感到拥有较大的自主性，服务业中有 81.82% 的企业选择了拥有完全自主性，在工业行业，也有 73.68% 的企业选择了拥有完全自主性，并且有 10.53% 的企业认为绝大多数有自主性。

表 3 –11　　　　　　　　　不同行业类型的企业自主程度

	行业类型	0—19%	20%—39%	40%—49%	50%—59%	60%—69%	70%—79%	80%—89%	90%—99%	100%
产品生产	工业	5.26	0.00	0.00	5.26	5.26	0.00	15.79	21.05	47.37
	服务业	4.76	4.76	0.00	14.29	0.00	4.76	0.00	4.76	66.67
产品销售	工业	38.89	5.56	0.00	5.56	0.00	5.56	11.11	16.67	16.67
	服务业	0.00	0.00	0.00	4.55	0.00	4.55	4.55	9.09	77.27
技术开发	工业	31.58	0.00	5.26	5.26	0.00	0.00	0.00	5.26	47.37
	服务业	13.64	9.09	4.55	4.55	0.00	0.00	0.00	4.55	63.64
新增投资	工业	61.11	5.56	5.56	11.11	0.00	0.00	5.56	0.00	11.11
	服务业	22.73	0.00	4.55	4.55	0.00	0.00	0.00	4.55	63.64
员工雇佣	工业	0.00	0.00	0.00	10.53	0.00	5.26	0.00	10.53	73.68
	服务业	4.55	0.00	0.00	4.55	0.00	0.00	4.55	4.55	81.82

　　表 3–12 则反映了是否在商务部备案，对于企业自主性的影响程度，从表中可以看到，在商务部备案对于企业自主性的限制是较为明显的。在产品生产环节，在商务部备案的企业中，选择具有完全自主性的比例只有 47.05%，比没有备案的企业低了 21.37 个百分点。在产品销售环节，只有 47.06% 的备案企业选择了拥有完全自主性，略低于没有备案的企业。在技术开发方面的差异也存在，主要反映在有 29.41% 的备案企业认为几乎没有任何自主性，比没有备案的企业高出 14.41 个百分点。在新增投资方面，差异更加明显，备案企业中有 29.41% 认为具有完全自主性，高达 47.06% 认为几乎没有自主性，在没有备案的企业中，情况刚好相反，有高达 52.63% 的企业认为有完全自主性，只有 26.32% 认为几乎没有自主性。在员工雇佣方面，备案企业也享有较大的自主性，有高达 82.35% 选择了具有完全自主性，在未备案企业中，也有 75% 选择具有完全自主性，另有 10% 选择了有 90%以上的自主性。

表 3 – 12 **是否在商务部备案与企业自主程度关系**

		0—19%	20%—39%	40%—49%	50%—59%	60%—69%	70%—79%	80%—89%	90%—99%	100%
产品生产	是	5.88	0.00	0.00	11.76	0.00	0.00	17.65	17.65	47.05
	否	0.00	5.26	0.00	5.26	5.26	5.26	0.00	10.53	68.42
产品销售	是	17.65	5.88	0.00	5.88	0.00	0.00	5.88	17.65	47.06
	否	15.79	0.00	0.00	5.26	0.00	10.53	5.26	10.53	52.63
技术开发	是	29.41	5.88	0.00	5.88	0.00	0.00	0.00	5.88	52.94
	否	15.00	5.00	10.00	5.00	5.00	0.00	0.00	5.00	55.00
新增投资	是	47.06	5.88	0.00	11.76	0.00	0.00	0.00	5.88	29.41
	否	26.32	0.00	10.53	5.26	0.00	0.00	0.00	5.26	52.63
员工雇佣	是	0.00	0.00	0.00	5.88	0.00	5.88	0.00	5.88	82.35
	否	5.00	0.00	0.00	5.00	0.00	0.00	5.00	10.00	75.00

表 3 – 13 反映了加入尼泊尔中国商会对企业自主程度的影响，从表中可以看到，加入商会对于企业自主性有正面的影响作用。在产品生产环节，加入商会的企业中，有 59.09% 认为具有完全自主性，另有 18.18% 认为有超过 90% 以上的自主性，选择自主性受限的企业比例非常低，与之相比，没有加入商会的企业，选择有完全自主性或较大自主的比例相对较少，还有 11.11% 选择几乎没有自主性。在产品销售环节，加入商会的企业的自主性受到一定限制，只有 45.45% 认为拥有完全自主性，有高达 22.73% 的企业认为几乎没有自主性，相反在没有加入商会的企业中，55.56% 的企业认为拥有完全自主性，选择自主性受到限制的比例很少。在技术开发环节，加入商会的企业明显自主性更高，有 68.18% 的企业选择具有完全自主性，另有 9.09% 选择了有很大的自主性，而那些没有加入商会的企业，只有 42.11% 选择具有完全自主性，有高达 31.58% 选择几乎没有自主性。在新增投资环节，情况略为复杂，加入商会的企业中有 36.36% 认为具有完全自主性，但有 50% 认为几乎没有任何自主性，与之相比，没有加入商会的企业中，有 44.44% 选择具有完全自主性，只有 27.78% 认为几乎没有自主性。在

员工雇佣方面，加入商会的企业具有明显更高的自主性，有81.82%认为具有完全自主性，另有9.09%认为拥有90%以上的自主性，至于没有加入商会的企业，自主性稍微低一些，但总体情况也比较乐观，有73.68%有完全自主性。

表3-13　　　　是否加入尼泊尔中国商会与企业自主程度关系

		0—19%	20%—39%	40%—49%	50%—59%	60%—69%	70%—79%	80%—89%	90%—99%	100%
产品生产	是	0.00	4.55	0.00	9.09	0.00	0.00	9.09	18.18	59.09
	否	11.11	0.00	0.00	11.11	5.56	5.56	5.56	5.56	55.56
产品销售	是	22.73	4.55	0.00	4.55	0.00	0.00	4.55	18.18	45.45
	否	11.11	0.00	0.00	5.56	0.00	11.11	11.11	5.56	55.56
技术开发	是	13.64	4.55	0.00	4.55	0.00	0.00	0.00	9.09	68.18
	否	31.58	5.26	10.53	5.26	5.26	0.00	0.00	0.00	42.11
新增投资	是	50.00	4.55	0.00	4.55	0.00	0.00	0.00	4.55	36.36
	否	27.78	0.00	11.11	11.11	0.00	0.00	5.56	0.00	44.44
员工雇佣	是	0.00	0.00	0.00	4.55	0.00	4.55	0.00	9.09	81.82
	否	5.26	0.00	0.00	10.53	0.00	0.00	5.26	5.26	73.68

表3-14反映的是企业注册时长与承担各类项目的情况，很多类型的项目更多地由注册时长超过5年的企业承担，但仍然有很多项目类型是中资企业尚未进入的。从表中可见，所有受访企业均没有承担铁路和火电项目，就调查团队实地观察和访问所知，这两个领域的确很少有中资企业涉足，目前中国企业正在尝试签订铁路修建项目。相比之下，中资企业较多承担的项目类型是建筑、电力、水电、航运以及公路，其中水电项目基本上由注册时长超过5年的企业承担。

表3-14　　　　　　　企业注册时长与承担尼泊尔各类项目情况　　　　（单位：%）

	注册超过5年		注册低于5年	
	是	否	是	否
建筑、电力	40.91	59.09	20.00	80.00
公路项目	33.33	66.67	25.00	75.00
铁路项目	0.00	100.00	0.00	100.00
水电项目	44.44	55.56	0.00	100.00
火电项目	0.00	100.00	0.00	100.00
航运项目	33.33	66.67	25.00	75.00
其他项目	11.11	88.89	50.00	50.00

从表3-15可以看到，企业运营时长对承担尼泊尔各类项目的情况也有明显的影响。在建筑、电力、公路、水电项目上，更多地由运营超过5年的企业承担，而在航运项目或其他项目方面，运营时长的影响不大。

表3-15　　　　　　　企业运营时长与承担尼泊尔各类项目情况　　　　（单位：%）

	运营超过5年		运营低于5年	
	是	否	是	否
建筑、电力	41.18	48.82	24.00	76.00
公路项目	42.86	57.14	16.67	83.33
铁路项目	0.00	100.00	0.00	100.00
水电项目	42.86	57.14	16.67	83.33
火电项目	0.00	100.00	0.00	100.00
航运项目	28.57	71.43	33.33	66.67
其他项目	14.29	85.71	33.33	66.67

中资企业在尼泊尔的运营情况还会受到尼泊尔政府履约程度的影响。一个国家政府如果履约程度低，将极大影响外国投资与运营。从图 3 – 5 可以看到，中资企业普遍对尼泊尔政府的履约程度不满，只有一成企业认为尼泊尔政府的履约程度较好，甚至可以提前履约，其余九成的企业或多或少有些不满。有二成企业认为尼政府履约程度一般，有高达六成的企业认为尼政府履约程度不好，甚至在经常催促的情况下都不一定能够履约，还有一成表示尼政府经常毁约。

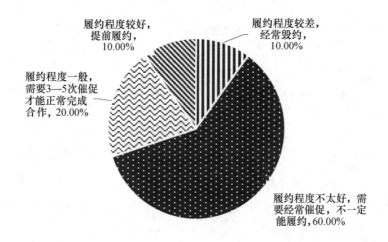

履约程度较好，提前履约，10.00%

履约程度较差，经常毁约，10.00%

履约程度一般，需要3—5次催促才能正常完成合作，20.00%

履约程度不太好，需要经常催促，不一定能履约，60.00%

图 3 – 5　尼泊尔政府履约程度

二　企业销售渠道

表 3 – 16 反映了在尼中资企业的销售渠道。在工业领域，全部企业都通过传统渠道进行销售，没有任何一家企业尝试互联网销售。在服务业领域，有 2/3 企业主要依靠传统销售渠道，但也有 1/3 在尝试互联网销售。在商务部备案的企业中，全部企业均依靠传统销售渠道，而未在商务部备案的企业中，有四成开拓互联网销售渠道。总的来说，在尼中资企业的销售渠道比较传统，这与尼泊尔整体国情有关，尼泊尔的互联网普及度还不高，尼泊尔民众对于互联网消费的接受和熟悉

程度还不足，国内物流等配套服务还不够健全，这导致在尼中资企业还较少使用互联网销售。这种现象在工业领域自然更明显，这与工业产品本身的性质有关。未来在服务业领域，也许会有更多的销售渠道创新，但是在工业领域的变化可能还需要较长时间。

表3－16　　　　　　企业的互联网销售渠道和传统渠道比较　　　　（单位：%）

	互联网更好	传统渠道更好
工业	0.00	100.00
服务业	33.33	66.67
在商务部备案	0.00	100.00
未在商务部备案	40.00	60.00

企业宣传的一个重要渠道是投放电视广告，但从表3－17可以看到，在尼中资企业较少使用电视广告这种方式宣传推广。工业企业中没有任何电视广告，在服务业只有不到三成的企业会通过电视广告进行宣传。在商务部备案的企业，相对比较重视电视广告这种宣传方式，有半数进行过电视广告投放。而未在商务部备案的企业，明显不怎么做电视广告宣传，只有13.33%曾经投放电视广告。

表3－17　　　　　　　　企业投放电视广告情况　　　　　　（单位：%）

	是	否
工业	0.00	0.00
服务业	26.09	73.91
在商务部备案	50.00	50.00
未在商务部备案	13.33	86.67

图 3 - 6 解释了企业未投放电视广告的主要原因。其中一半企业认为不需要采用电视广告，他们的产品有特定的销售渠道和供应群体，并不能通过电视广告吸纳更多的消费群体。此外有近两成的企业认为尼泊尔电视广告宣传效果并不好，花费了昂贵的广告费用，但得不到应有的宣传效果，索性放弃这种宣传方式。

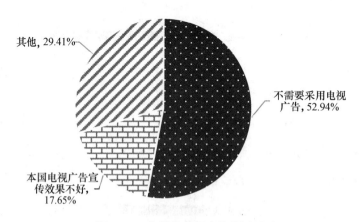

图 3 - 6　未投放电视广告的原因

第三节　尼泊尔中资企业融资状况分析

本节考察尼泊尔中资企业的融资状况。图 3 - 7 通过柱状图直观地反映出在尼中资企业的主要融资渠道。主要的融资渠道是中国国内母公司拨款（38.10%），其次是中国国内银行、正规金融机构贷款（14.29%），此外两个主要的融资渠道是向亲戚朋友借款（7.14%）和通过尼泊尔国内银行、正规金融机构贷款（7.14%），还有半数的企业选择了其他方式。从柱状图中可以看到几个主要的现象：第一，在尼中资企业的融资主要依赖中国资金，中国母公司拨款与中国国内银行贷款的比例相加达到52.39%，此外，亲戚朋友借款以及其他融资渠道中很多也是来自中国国内的资金。第二，没有任何一家在尼中资企业选择通过社会组织贷款、赊购和商业信用的方式来融资。第三，在尼中资企业通过贷款进行融资的比例较低，无论是从中国国内贷款、尼泊尔国内银行贷款还是社会组织贷款，只有将近两成的企业选择了贷款融资的方式。

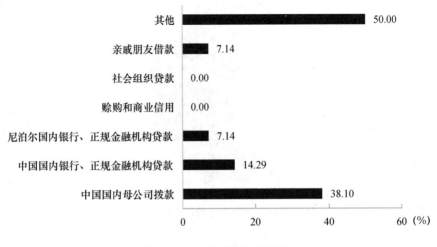

图 3 - 7　企业融资来源分布

至于企业为什么不申请贷款，原因是多种多样的。从图 3 - 8 可以看到，企业不申请贷款可能会有多重考虑，其中最主要的原因是"没有贷款需求""申请程序复杂""其他原因"和"银行利率过高"。没有贷款需求主要考虑的是能够顺利通过其他方式渠道获取融资，包括母公司的拨款、亲朋好友的支持、自身的经济实力等。申请程序复杂主要考虑到银行贷款通常有较为繁杂的手续和周期、尼泊尔国内银行的贷款政策与国内有所不同、尼泊尔银行针对外资企业的贷款手续更加复杂，诸多因素相加，使得很多企业更倾向于通过其他渠道筹款。

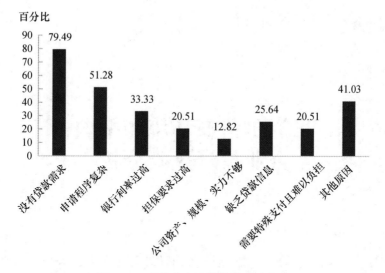

图 3 - 8 企业未申请贷款的原因分布

第 四 章

尼泊尔营商环境和中国
企业投资风险分析

相比其他南亚、东南亚国家，尼泊尔的经济发展水平、基础设施状况相对更为落后，这给中资企业对尼投资增加了风险。究竟尼泊尔的营商环境如何呢？问卷通过详细询问在尼中资企业在用电、用水、用网、用地以及签订合同、申请进口许可、税收征收等方面的具体情况与困难，揭示中资企业在尼投资可能面临的困难与风险。

第一节　尼泊尔基础设施供给分析：
中资企业视角

表4－1反映了按是否位于经开区划分的企业提交水、电、网、建筑申请的比例。从表中可见，不在经开区的企业中，用网申请比例最高达到83.33%，远远高于用电申请27.78%、建筑申请8.33%和用水申请2.78%，其中用网申请最高，用水申请最低。位于尼泊尔经开区的企业中，用水和建筑申请方面均为零，表明企业不需要额外的用水和建筑申请；但用网仍需申请（75%），部分企业用电也需申请（25%）。位于其他地区企业中，在用水、用电和建筑申请方面均为0，表明企业不需要额外申请用水、用电和建筑，但在用网方面为100%，表明用网需要单独申请。三类企业用网申请比例均高于

75%，用水、建筑申请均低于10%，用电申请在25%左右。由此可见，网络申请是在尼中资企业必须办理的手续，此外，很多企业用电需要提出申请。

表4-1　按是否位于经开区划分的企业提交水、电、网、建筑申请比例（单位：%）

	水		电		网		建筑	
	是	否	是	否	是	否	是	否
不在经开区	2.78	97.22	27.78	72.22	83.33	16.67	8.33	91.67
在尼泊尔经开区	0.00	100.00	25.00	75.00	75.00	25.00	0.00	100.00
其他	0.00	100.00	0.00	100.00	100.00	0.00	0.00	100.00

表4-2反映了按行业划分的工业和服务业两类企业提交水、电、网、建筑申请比例分布情况。如表所示，工业企业中，用网申请比例最高为78.95%，用水申请比例最低为0，用电和建筑申请分别为52.63%和15.79%；服务业企业中，用网申请比例最高为86.96%，建筑申请比例最低为0，用水和用电申请比例较低，均为4.35%。此外，两类企业用网申请比例均超过75%，这再次说明网络申请是中资企业必须办理的手续。工业行业企业用电申请达到52.63%，远高于服务业的用电申请比例，这主要是因为工业耗电量大。

表4-2　按行业划分的企业提交水、电、网、建筑申请比例　　（单位：%）

	水		电		网		建筑	
	是	否	是	否	是	否	是	否
工业	0.00	100.00	52.63	47.37	78.95	21.05	15.79	84.21
服务业	4.35	95.65	4.35	95.65	86.96	13.04	0.00	100.00

表4-3反映了按是否位于经开区划分对于企业用水、用电和用网的影响，从表中可以看出，断网、断电是普遍面临的问题，经开区在供水供电和网络方面不但没有优势，反而更加糟糕。从表中可见，不

在经开区的企业中，断电率为 86.11%、断网率为 80.56%，比例远远高于断水率 16.67%；位于尼泊尔经开区的企业中，断电、断网情况均达到 100%，而断水情况也高达 50%。位于其他地区企业中，断电、断网情况均达到 100%，而断水情况则是 50%。这也表明，尼泊尔的水、电、网等基础设施非常薄弱，尤其是用电难以保障，对于工业生产带来极大影响。另外，尼泊尔经开区的建设仍然处于起步阶段，经开区本应能够提供更好的水电和网络条件，但尼泊尔现已建成的经开区地理位置较偏、各种基建配套还很不完善，导致经开区的用电、用水和网络均无法保障，这也成为经开区吸引外资的重要阻碍。

表 4 - 3　　　　按是否位于经开区划分的企业发生断水、断电、断网情况　（单位：%）

	断水		断电		断网	
	是	否	是	否	是	否
不在经开区	16.67	83.33	86.11	13.89	80.56	19.44
在尼泊尔经开区	50.00	50.00	100.00	0.00	100.00	0.00
其他	50.00	50.00	100.00	0.00	100.00	0.00

表 4 - 4 按行业划分，工业和服务业行业两类企业虽然性质不同，但是面临断水、断电和断网的情况类似。工业企业中，断电和断网情况较为严重，分别达到 89.47% 和 84.21%，而断水情况较轻只有 10.53%；服务业企业中，断电和断网情况同样很严重，分别达到 86.96% 和 82.61%，但断水情况也不容小觑，达到 30.43%。总体而言，两类企业中断电和断网情况均较为严重，断水的现象相对没有那么严重，尤其是工业用水基本能够得到保障，但服务业断水情况还比较严重。这再次说明尼泊尔供电能力和网络维护方面存在较大短板，成为制约外资企业投资和发展的重要因素，而供水条件也亟须改善。

表4-4　　　　　按行业划分的企业发生断水、断电、断网情况　　　（单位：%）

	断水		断电		断网	
	是	否	是	否	是	否
工业	10.53	89.47	89.47	10.53	84.21	15.79
服务业	30.43	69.57	86.96	13.04	82.61	17.39

表4-5按是否位于经开区划分，反映企业提交水、点、网、建筑申请时的非正规支付的比例情况。从表中可见，不在经开区的企业，在用水、建筑和用网申请的非正规支付比例接近于零，而在用电申请是有1/3需要支付额外的费用（33.33%）；而位于尼泊尔经开区的企业，申请用电时100%支付了额外的非正规费用，而用网申请则无须支付额外的费用；位于其他地区的企业，用网申请不需支付额外费用，在用水、用电和建筑方面均为0。由此可见，尼泊尔电力稀缺，企业用电申请往往面临非正规支付，尤其是位于经开区的企业，100%需要支付额外费用，这对经开区吸引外资投资产生很大的负面影响。

表4-5　　　按是否位于经开区划分的企业提交水、电、网、建筑
申请的非正规支付比例　　　（单位：%）

	水		电		网		建筑	
	是	否	是	否	是	否	是	否
不在经开区	0.00	100.00	33.33	66.67	3.45	96.55	0.00	100.00
在尼泊尔经开区	0.00	0.00	100.00	0.00	0.00	100.00	0.00	0.00
其他	0.00	0.00	0.00	0.00	0.00	100.00	0.00	0.00

表4-6反映了不同行业在提交水、电、网、建筑申请时遇到非正规支付的比例情况。如表所示，工业行业中，用网、建筑非正规支付比例均为零，而用电非正规支付比例高达44.44%，用水方面0。服务业行业中，用水、用电非正规支付比例均为0，用网非正规支付比例仅为5.56%，建筑方面无数据。由此可见，服务业行业整体非正规支付

比例低于工业行业企业；工业企业面临的主要问题也是在用电申请方面，如果不能保证正常的用电需求，对中资企业在尼投资与生产经营会产生较大影响。

表4-6　　按行业划分的企业提交水、电、网、建筑申请的非正规支付比例

（单位：%）

	水		电		网		建筑	
	是	否	是	否	是	否	是	否
工业	0.00	0.00	44.44	55.56	0.00	100.00	0.00	100.00
服务业	0.00	100.00	0.00	100.00	5.56	94.44	0.00	0.00

第二节　尼泊尔公共服务供给分析：中资企业视角

表4-7反映了不同行业的企业在接受税务机构检查以及产生非正规支付比例的情况。如表所示，税务机构走访或检查方面，服务业企业比例（56.52%）略高于工业企业比例（52.63%）；税务机构非正规支付方面，工业企业比例（50%）远高于服务业企业比例（18.18%）。

表4-7　　　　　　按行业划分的企业接受税务机构

检查与非正规支付比例　　　（单位：%）

	税务机构走访或检查		税务机构非正规支付	
	是	否	是	否
工业	52.63	47.37	50.00	50.00
服务业	56.52	43.48	18.18	81.82

表4-8对比了不在经开区、位于尼泊尔经开区和位于其他地区的三类企业在接受税务机构检查与非正规支付比例的情况。如表所示，无论

是否位于经开区，企业均有50%左右的概率接受税务机构走访或检查；至于税务机构非正规支付，位于经开区的企业表示全部有过非正规支付，而不在经开区企业中仅为29.41%有过非正规支付。由此可见，位于尼泊尔经开区企业100%的非正规支付比例高于其他两类企业，说明经开区营商环境堪忧，完全没能够体现经开区应有的吸引外资的优势。

表4-8　　　　　　按是否位于经开区划分的企业接受税务机构
检查与非正规支付比例 （单位：%）

	税务机构走访或检查		税务机构非正规支付	
	是	否	是	否
不在经开区	52.78	47.22	29.41	70.59
在尼泊尔经开区	50.00	50.00	100.00	0.00
其他	100.00	0.00	0.00	100.00

表4-9反映了在尼中资企业办理进口许可申请以及非正规支付的比例情况。在申请进口许可时，不在经开区企业中有一半的企业申请了进口许可，高于位于尼泊尔经开区企业25%的比例，位于其他地区企业进口许可申请则为0；至于进口许可申请中非正规支付方面，位于尼泊尔经开区企业最高达到100%，而不在经开区企业仅为33.33%。由此可知，不在经开区企业申请进口许可的比例远大于位于尼泊尔经开区的企业，与此同时，位于经开区企业在进口许可申请过程中100%的非正规支付比例，再次表明经开区营商环境令人担忧。

表4-9　　　　　　按是否位于经开区划分的企业申请进口许可与
非正规支付比例 （单位：%）

	进口许可申请		进口许可申请中非正规支付	
	是	否	是	否
不在经开区	50.00	50.00	33.33	66.67
在尼泊尔经开区	25.00	75.00	100.00	0.00
其他	0.00	100.00	无	无

表4-10反映不同行业在申请进口许可以及进行非正规支付比例情况。工业行业申请进口许可的比例（63.16%）远高于服务业行业（30.43%）；而在进口许可申请中非正规支付方面，服务业行业（40%）略高于工业行业（36.36%）。

表4-10　　　　　按行业划分的企业申请进口许可与非正规支付比例　　　（单位：%）

	进口许可申请		进口许可申请中非正规支付	
	是	否	是	否
工业	63.16	36.84	36.36	63.64
服务业	30.43	69.57	40.00	60.00

图4-1反映了劳动力市场规制政策对不同行业企业的影响程度。如图所示，工业行业中，大多数企业认为或多或少存在妨碍，但妨碍也不算太大，选择有一点妨碍的比例最高，达到36.84%，选择中等妨碍的次高，达到31.58%；服务业行业中，有高达43.48%的企业认为只有一点妨碍，影响不太大，但也有近三成的企业认为劳动力市场规制对于企业运营造成了较大妨碍。从图中可以看到，服务业企业选择了中等妨碍和较大妨碍两项数据累加达到43.48%，高于工业的36.84%，表明市场规制政策对企业生产经营形成了实质影响，其中对服务业企业的影响尤其突出。

图4-2反映了员工素质对工业和服务业两类企业生产经营的影响情况。如图所示，在工业行业企业中，选择有一点妨碍（36.84%）和中等妨碍（31.58%）的最多；服务业行业企业中，选择一点妨碍（43.48%）和较大妨碍（26.09%）的最多，此外还有近二成选择了中等妨碍（17.39%）。在对工业和服务业两类企业的差异比较中可以发现，在较大妨碍方面，服务业企业（26.09%）的比例高于工业企业（5.26%）的比例；中等妨碍方面，工业企业31.58%的比例高于服务业企业17.39%的比例；而严重妨碍方面，工业企业10.53%的比例高于服务业企业0比例。由此可见，员工素质对工业行业企业和服务业行

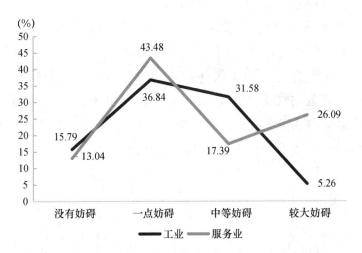

图 4 - 1 不同行业类型劳动力市场规制政策影响程度

业企业妨碍生产经营程度方面存在较大差异,总的来说,员工素质对服务业企业影响要更广泛。

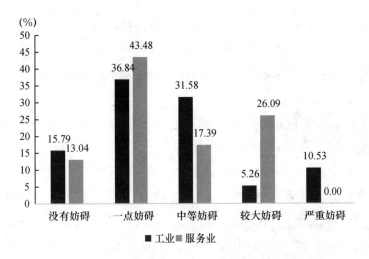

图 4 - 2 不同行业类型员工素质妨碍生产经营的程度

图 4 - 3 反映了专业技术人员对不同行业类型企业生产经营的影响

程度。工业行业中，选择没有妨碍和中等妨碍的比例高达 42.11% 和 26.32%；服务业行业中，选择没有妨碍的最高，达到 47.83%，认为有较大妨碍和严重妨碍的比例也很高，均为 17.39%。工业和服务业的比较中，认为没有妨碍的比例均超过四成，这说明专业技术人员基本不会对企业运营造成太大的妨碍。此外，在服务业中，选择较大妨碍和严重妨碍两项数据相加达到 34.78%，由此可见，一部分服务业的企业运营受到专业技术人员方面的因素影响较大。

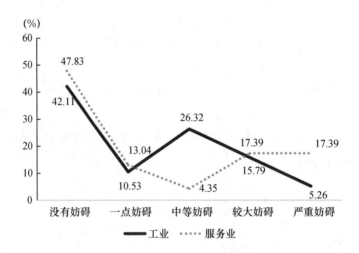

图 4 - 3　不同行业类型专业技术人员妨碍生产经营的程度

　　图 4 - 4 反映了管理人员招聘难度对不同行业类型企业生产经营的影响程度。工业和服务业行业中均有高达 42.11% 和 47.83% 的企业选择了没有妨碍。在选择中等妨碍和严重妨碍的比例上，工业和服务业存在较大差异。工业企业中有 26.32% 选择了中等妨碍，比例远超过服务业 4.35% 的比例；相反地，服务业中有 17.39% 选择了严重妨碍，远高于工业 5.26% 的比例。由此可见，在服务业中，管理人员招聘难度妨碍生产经营的程度要么几乎没有，要么比较严重。

　　图 4 - 5 反映了技能人员招聘难度对不同行业类型企业生产经营的影响程度。在工业和服务业中，都涉及招聘相应技能人员，但在尼泊

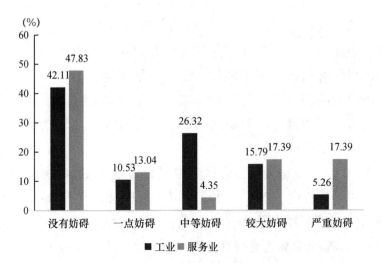

图 4 - 4　不同行业类型管理人员招聘难度妨碍生产经营的程度

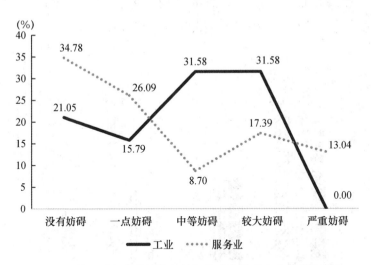

图 4 - 5　不同行业类型技能人员招聘难度妨碍生产经营的程度

尔招聘相关技术人员面临一定的困难，这给企业生产经营带来一定的妨碍。在工业行业企业中，有超过六成的企业认为技术人员招聘的困难会给企业带来中等妨碍或较大妨碍。在服务业行业中选择没有妨碍的比例高达34.78%，选择一点妨碍的达到26.09%，二者相加超过全部服务业企业的六成。当然也有三成服务业选择了较大妨碍或严重妨碍。这种现象背后的原因可能在于，在尼服务业的性质有两种，一种是低技术含量的服务业，另一种是高技术含量的服务业，前者对技术人员的要求不是很高，而对后者而言，缺乏相关技术人员会对企业产生较大乃至严重的妨碍。

图4-6以企业是否在经开区为变量，考察劳动力市场规制政策对生产经营的影响程度。对于不在经开区企业而言，有38.89%认为劳动力市场规制政策没有妨碍企业运营，有少量企业认为有一点妨碍（27.78%），选择中等妨碍（16.67%）和较大妨碍（16.67%）的比例不高；位于经开区的企业数量较少，这些企业对于劳动力市场规制政策影响的评判具有个体差异。位于其他地区的企业，有半数认为没有妨碍，半数认为有中等妨碍。总的来说，劳动力市场规制政策对在尼中资企业的生产经营不构成直接挑战，影响较小。

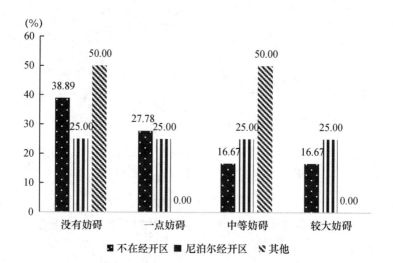

图4-6 是否在经开区企业与劳动力市场规制政策妨碍生产经营的程度

图4-7对比了是否在经开区的企业，员工素质情况对于企业生产

经营的影响程度。位于尼泊尔经开区企业，认为员工素质对企业有一点妨碍的比例最高达到 50%，选择较大妨碍和严重妨碍的比例均为 25%；不在经开区的企业，选择有一点妨碍的最多，比例达到 41.67%，其次是中等妨碍 25%、较大妨碍 16.67% 和没有妨碍 13.89%，差异性较大。

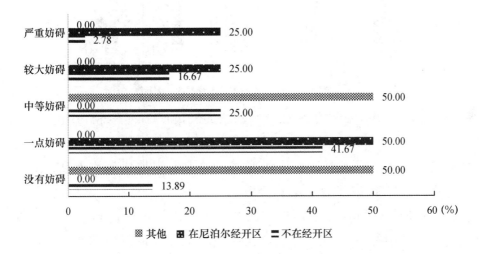

图4-7　是否在经开区企业与员工素质妨碍生产经营的程度

图 4-8 是关于专业技术人员招聘难度对企业生产经营的影响。对于不在经开区的企业而言，妨碍程度两极分化较为严重，没有妨碍和一点妨碍累计达到 61.11%，选择较大妨碍和严重妨碍的累计达到 33.33%；对于位于经开区的企业而言，选择较大妨碍和严重妨碍的比例相加达到了 75% 之多，另有 25% 选择了中等程度的妨碍，这表明专业技术人员招聘难度对位于经开区企业妨碍生产经营程度非常大；对于位于其他地区企业而言，选择中等妨碍和较大妨碍的各占 50%，这说明影响也比较大。

图 4-9 反映了管理人员招聘难度对于企业生产经营影响程度。不在经开区的企业，半数认为招聘管理人员不影响企业的生产运营，选

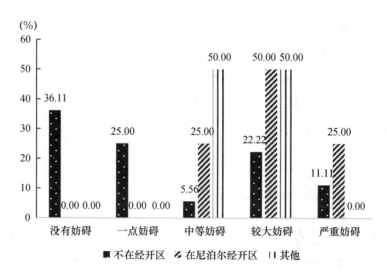

图4-8 是否在经开区企业与专业技术人员招聘难度妨碍生产经营的程度

择有较大妨碍、严重妨碍、中等妨碍、一点妨碍的比例均不高，这表明管理人员招聘难度对于不在经开区企业的生产经营影响程度不大。就位于尼泊尔经开区企业而言，选择较大妨碍的占比达到50%，选择没有妨碍和中等妨碍的各占25%，这表明管理人员招聘难度对位于经开区的企业生产经营影响程度较大。就位于其他地区的企业而言，选择具有一点妨碍和中等妨碍的各占50%，这表明管理人员招聘难度对位于其他地区企业生产经营也有一定程度的影响。

图4-10反映了技能人员招聘难度妨碍企业生产经营的具体情况。就不在经开区企业而言，有1/3认为没有妨碍，有二成左右认为有一点妨碍，认为有中等妨碍、较大妨碍或严重妨碍的比例均不高，这表明技能人员招聘难度对不在经开区企业的生产经营有一定影响。对于经开区企业而言，有3/4企业选择有较大妨碍，其余的1/4认为有中等程度的妨碍，这说明技能人员招聘难度对位于经开区企业的生产经营影响非常大。位于其他地区的企业，选择一点妨碍和中等妨碍各占半数，这说明技能人员招聘难度对位于其他地区企业也有一定程度的影响。

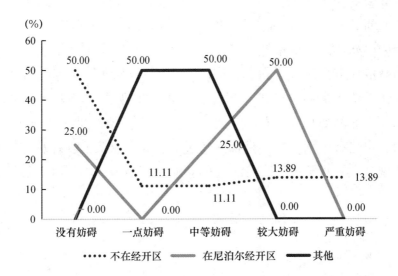

图 4 – 9　是否在经开区企业与管理人员招聘难度妨碍生产经营的程度

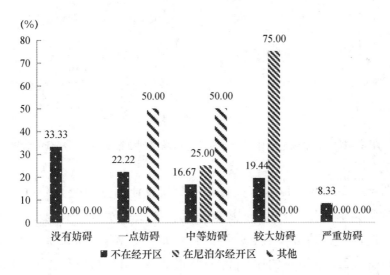

图 4 – 10　是否在经开区企业与技能人员招聘难度妨碍生产经营的程度

图 4 – 11 将企业按照有无自身工会划分为两类，对比了劳动力市场

规制政策对两类企业生产经营的影响情况。有自身工会企业中，选择没有妨碍和一点妨碍的各占 33.33%，选择较大妨碍的占比 22.22%，选择中等妨碍的比例很低，只有 11.11%。无自身工会企业中，选择没有妨碍的比例最高，达到 39.39%，选择一点妨碍、中等妨碍和较大妨碍的比例依次递减。通过差异化比较可以发现，市场规制政策对无自身工会企业的妨碍生产经营程度更高。可以看到，两类企业有共性的一面，也略有区别。共性是都有超过 1/3 的企业认为没有妨碍，差异是市场规制政策对于没有自身工会的企业更容易造成中等以上的妨碍。

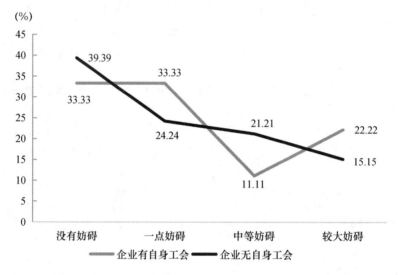

图 4-11　企业有无自身工会与劳动力市场规制政策妨碍生产经营的程度

图 4-12 同样是依据有无自身工会将企业划分为两类，对比了员工素质对两类企业生产经营的影响程度。如图所示，对有自身工会企业而言，选择一点妨碍和中等妨碍的比例最高，各占 33.33% 比例，选择没有妨碍（22.22%）的比例高于严重妨碍（11.11%）的比例。对无自身工会的企业而言，选择有一点妨碍的比例最高，达到 42.42%，选择中等妨碍和较大妨碍的次高，均占 21.21%，高于选择没有妨碍（12.12%）和选择严重妨碍（3.03%）的比例。

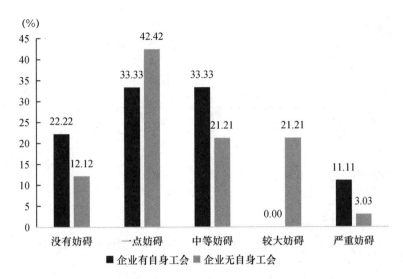

图4-12 企业有无自身工会与员工素质妨碍生产经营的程度

图4-13按照企业有无自身工会将在尼中资企业划分为两类，对比分析了专业技术人员招聘难度对企业生产经营的影响程度。如图所示，对于有自身工会企业而言，选择没有妨碍、一点妨碍、中等妨碍和较大妨碍的占比均为22.22%，选择严重阻碍的占比达到11.11%，这表明专业技术人员招聘难度对企业有一定程度的影响。对于自身无工会企业而言，选择没有妨碍的占比最高，达到33.33%，其次是选择较大妨碍的，占比27.27%，这说明专业技术人员招聘难度对企业的影响存在两极分化的现象，要么毫无影响，要么就是有较大妨碍。

图4-14反映了管理人员招聘难度对企业生产经营的影响，对比了企业自身有无工会这一变量产生的影响。如图所示，有自身工会企业，超过半数选择了没有妨碍，其次有少部分选择了中等妨碍、一点妨碍或较大妨碍，这表明管理人员招聘难度对有工会的企业生产经营影响程度较小；至于无自身工会企业，也有超过四成选择了没有妨碍，但值得注意的是，选择有较大妨碍乃至严重妨碍的占比相加超过了33%，这说明管理人员招聘难度对无自身工会企业生产经营还是存在较大的影响。

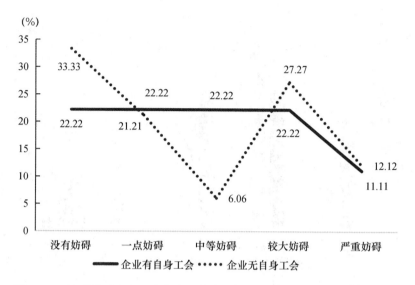

图 4-13 企业有无自身工会与专业技术人员招聘难度妨碍生产经营的程度

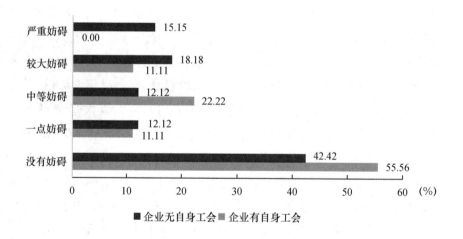

图 4-14 企业有无自身工会与管理人员招聘难度妨碍生产经营的程度

图 4-15 按照企业有无自身工会划分，对比技能人员招聘难度对两类企业生产经营影响程度。如图所示，两类企业有一定的共性，也即选择有一点妨碍、中等妨碍和较大妨碍的居多，选择没有妨碍和严重

妨碍的相对较少。其中，在自身无工会的企业中，存在两极分化的现象，选择没有妨碍的比例较高，达到 30.30%，与此同时，也有超过 1/3 的企业选择了有较大妨碍乃至严重妨碍。

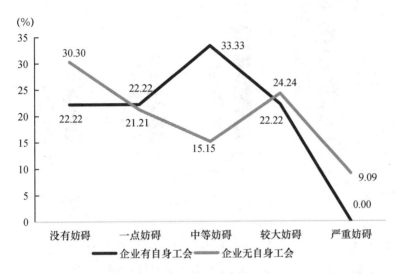

图 4 - 15　企业有无自身工会与技能人员招聘难度妨碍生产经营的程度

图 4 - 16 反映了劳动力市场规制政策对按有无女性高管划分的两类企业妨碍生产经营影响程度的具体情况。如图所示，有女性高管企业中，妨碍程度从没有到较大依次递减，分别为 36.36%、31.82%、18.18% 和 13.64%，这表明劳动力市场规制政策对有女性高管企业妨碍生产经营程度较小；无女性高管企业中，没有妨碍最高达到 40%，一点妨碍、中等妨碍和较大妨碍均为 20%，这表明劳动力市场规制政策对无女性高管企业妨碍生产经营程度较小。

图 4 - 17 到图 4 - 20，是按照企业有无女性高管划分为两类进行比较。图 4 - 17 是员工素质对这两类企业生产经营程度的影响。如图所示，有女性高管企业中，选择只有一点妨碍的比例最高，达到 54.55%，明显高于选择中等及以上妨碍的比例；在无女性高管企业中，选择只有一点妨碍的比例仅有 25%，是有女性高管企业的一半，

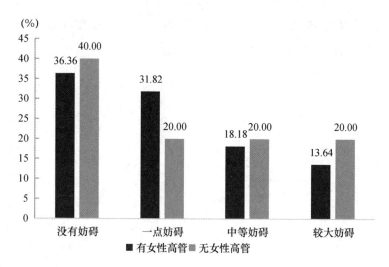

图 4 - 16 有无女性高管与劳动力市场规制政策妨碍生产经营的程度

而选择中等及以上程度妨碍的比例明显高于那些有女性高管的企业。这表明员工素质对无女性高管妨碍生产经营程度较大。

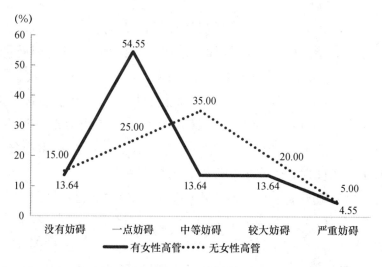

图 4 - 17 有无女性高管与员工素质妨碍生产经营的程度

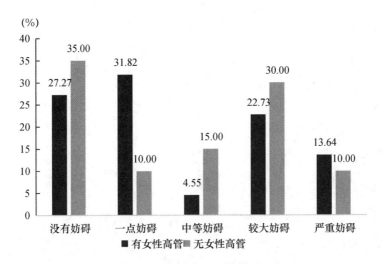

图4-18 有无女性高管与专业技术人员招聘难度妨碍生产经营的程度

图4-18反映了专业技术人员招聘难度对两类企业生产经营的影响情况，从图中观察，有无女性高管对该问题并没有规律性的影响。有女性高管的企业中，选择有一点妨碍的比例最高，达到31.82%，其次是选择没有妨碍、较大妨碍和严重妨碍的。另外，在无女性高管的企业中，选择没有妨碍的比例最高，达到35%，其次是选择有较大妨碍、中等妨碍的。这说明专业技术人员招聘难度会对企业生产经营造成妨碍，而妨碍程度并不因企业是否有女性高管而明显不同。

图4-19反映了管理人员招聘难度对两类企业生产经营的影响。在图中可以看到在无女性高管的企业中，选择没有妨碍的比例（50%）明显高于有女性高管的企业（40.91%）。另外，无女性高管的企业，选择严重妨碍的比例为0，明显低于有女性高管的企业（22.73%）。这说明，管理人员招聘难度对有女性高管的企业产生的妨碍和影响程度要更高，更容易产生严重的妨碍。在某种程度上也可以反推，那些在招聘管理人员过程中存在较大困难的企业，更倾向于采用女性高管。而本身可以较为轻松招聘到理想的管理人员的企业，则不太倾向于采用女性高管。

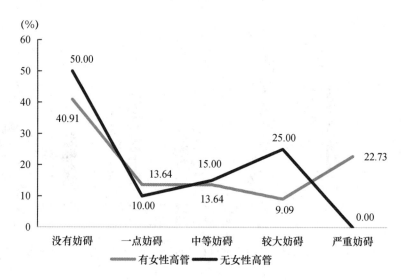

图 4 - 19　有无女性高管与管理人员招聘难度妨碍生产经营的程度

图 4 - 20 反映了技能人员招聘难度对两类企业生产经营产生的影响。有女性高管企业中，选择没有妨碍和较大妨碍的比例最高，均为

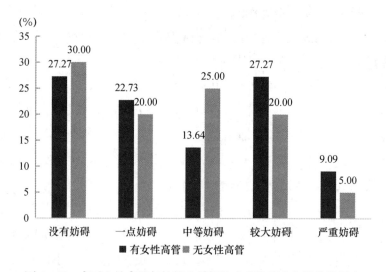

图 4 - 20　有无女性高管与技能人员招聘难度妨碍生产经营的程度

27.27%，选择具有中等以上妨碍的比例相加达到50%，这表明技能人员招聘难度对企业生产经营的影响较大。在无女性高管企业中，选择没有妨碍的比例最高，达到30%，选择中等及以上的比例累加也达到50%，这表明技能人员招聘难度对这类企业也存在不少妨碍。通过比较，可以看到两类企业的共性和相似性更多，有无女性高管对于这一问题的影响并不大。

第三节　中资企业对尼泊尔公共
服务治理的评价

图4-21反映了税率对企业生产经营的影响程度，从图中可以看到，经开区企业与不在经开区的企业相比，在税率方面没有明显的优待。如图所示，不在经开区企业中，有高达44.44%的企业认为税率对企业生产经营没有任何妨碍；选择中等及以上妨碍程度的比例也均不高。相反，位于经开区的企业中，只有1/4认为税率方面没有妨碍，选择中等妨碍和较大妨碍的比例均为25%，超过不在经开区的企业。总的来说，无论企业是否在经开区，选择没有妨碍和只有一点妨碍的比例均超过半数，说明税率对公司生产经营程度产生一定妨碍，但并非主导因素。此外，经开区企业面临的税率方面的妨碍甚至超过不在经开区的企业。

图4-22反映了税收征收对企业生产经营的影响程度，是否位于经开区，对于税收征收的体验有较大不同。如图所示，不在经开区企业对税收征收的看法比较分散，选择没有妨碍的比例最高，达到47.22%，选择中等妨碍、一点妨碍、较大妨碍、严重妨碍的各有一定比例，均不超过1/4。位于经开区的企业中，选择没有妨碍的比例最高，达到50%，其余企业认为有一点妨碍或中等妨碍，没有一家企业选择有较大或严重妨碍。位于其他地区的企业中，意见比较集中，选

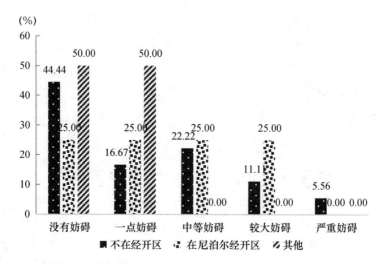

图4-21　税率妨碍公司生产经营的程度

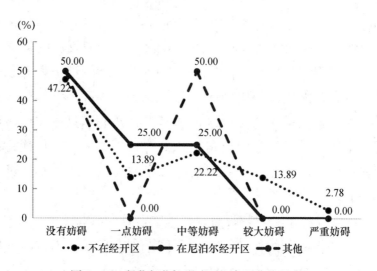

图4-22　税收征收妨碍公司生产经营的程度

择没有妨碍和中等妨碍的各占50%。将三类企业选择没有妨碍和一点妨碍的比例累加，比例均超过60%、75%和50%，三类企业中选择中等妨碍及以上的比例累加超过40%、25%和50%，因而，税收征收对三类公司生产经营产生一定程度的妨碍，但却并非主导因素。此外，可以明显看到税收征收对于经开区企业的妨碍程度相对更少一些，这也许是因为经开区的税收征收制度更加规范。

图4-23反映了工商许可对企业生产经营的影响程度。如图所示，不在经开区的企业中，有近七成选择没有妨碍，二成多选择只有一点妨碍，选择中等及以上妨碍程度的比例极小。位于经开区的企业中，有半数选择了没有妨碍，剩余企业选择了有一点妨碍和中等妨碍。位于其他地区的企业中，半数选择没有妨碍，半数选择有一点妨碍。可以看到，三类企业中选择没有妨碍和一点妨碍的占比累加分别达到91.66%、75%和100%，仅位于尼泊尔经开区企业中的中等妨碍程度达到25%。由此可见，工商许可对三类公司生产经营的妨碍程度较小，另外经开区企业在工商许可申办方面没有明显优势。

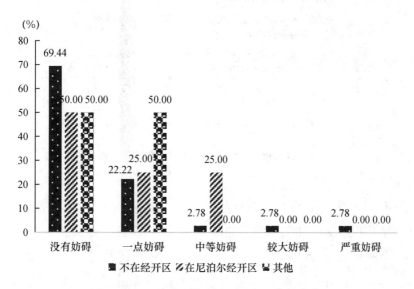

图4-23　工商许可妨碍公司生产经营的程度

图4-24反映了政治不稳定对企业生产经营的影响程度，由图可见无论是否位于经开区，政治不稳定对企业的影响具有相似之处。如图

所示，位于经开区的企业中，选择有一点妨碍的比例最高为 50%，选择没有妨碍、中等妨碍和较大妨碍的各占 25%；不在经开区企业中，选择一点妨碍的最高为 28.57%，选择中等妨碍和没有妨碍的均在 1/4 左右，有少量企业选择了较大和严重妨碍。位于其他地区企业中，选择没有妨碍和一点妨碍的各占半数。由此可见，政治不稳定或多或少会对企业生产经营产生影响，甚至有中等或较大程度的影响。无论是否位于经开区，企业的正常运营都需要稳定的政治局势。

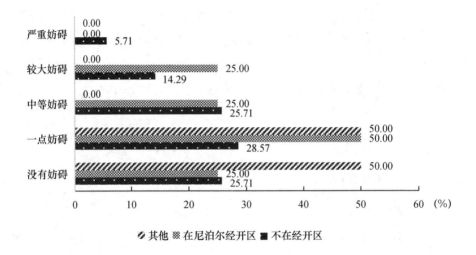

图 4-24 政治不稳定妨碍公司生产经营的程度

图 4-25 反映了腐败对企业生产经营的影响程度，从图中可见，是否位于经开区，对于腐败问题的看法有较大影响。如图所示，不在经开区的企业中，有近四成企业认为腐败没有妨碍企业经营，但另有近 1/4 的企业认为有一点妨碍，另有超过四成的企业认为腐败对企业的生产经营构成了中等及以上程度的妨碍。位于经开区的企业中，选择只有一点妨碍甚至没有妨碍的比重达 75%，另有 25% 认为有中等程度的妨碍，没有企业选择较大或严重妨碍。位于其他地区的企业中，选择没有妨碍和中等妨碍的各占 50%。由此可见，腐败对于企业生产经营

有较大影响，尤其是对那些不在经开区的企业来说，腐败的影响程度较大。

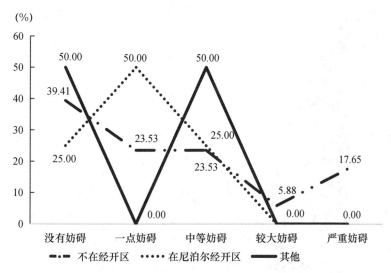

图 4-25　腐败妨碍公司生产经营的程度

图 4-26 反映了土地许可对企业生产经营的影响程度。如图所示，不在经开区企业中，选择没有妨碍的比重最高，为 80.56%；在经开区的企业中，选择没有妨碍的占比最高为 75%，另外 25% 选择了中等妨碍程度。位于其他地区的企业中，选择没有妨碍和严重妨碍的各占50%。总的来说，土地许可对企业生产经营的影响程度不大，对个别企业造成过较大的影响。

图 4-27 反映了政府管制与审批对企业生产经营的影响程度，是否在经开区面临的情况差别较大。如图所示，不在经开区的企业中，除了有 25% 选择了没有妨碍以外，其他的均面临着不同程度的妨碍，中等及以上妨碍比例相加达到 55.56%。位于经开区的企业中，也选择没有妨碍或者只有一点妨碍，没有企业选择中等或较大妨碍，但有 1/4 的企业选择了严重妨碍。位于其他地区的企业中，选择没有妨碍和较大妨碍各占 50%。由此可见，政府管制与审批对三类企业生产经营程度均造成不同程度的影响，其中经开区情况稍好。

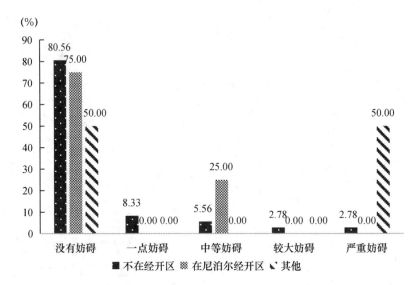

图4-26　土地许可妨碍公司生产经营的程度

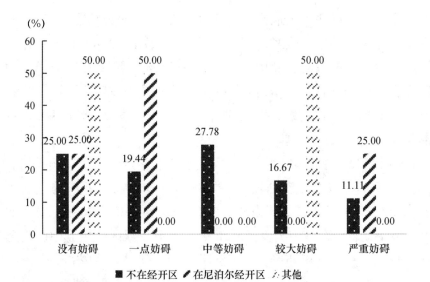

图4-27　政府管制与审批妨碍公司生产经营的程度

图 4－28 反映了税率对不同行业企业生产经营的影响程度，可以看到工业行业与服务业行业受税率影响的程度有较大差异。如图所示，工业行业企业中，选择没有妨碍的比例最高，达到 57.89%，选择有一点妨碍、中等妨碍和较大妨碍占比在 10%—16%，没有企业选择严重妨碍。在服务业企业中，选择没有妨碍和一点妨碍的比例相加在 50% 多，剩余企业选择有中等及以上程度的妨碍。由此可见，税率对服务业的影响大于工业。

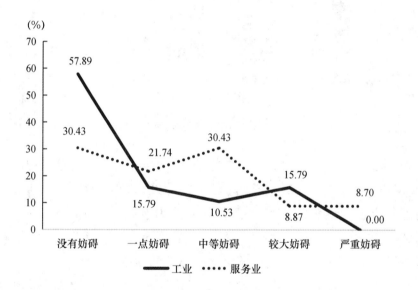

图 4－28　按行业划分的税率妨碍企业生产经营的程度

图 4－29 反映了税收征收对不同行业的企业生产经营的影响情况，可以看到税收征收对服务业的影响明显大于工业。如图所示，工业行业中，近六成企业感到征税没有妨碍企业生产经营，选择中等以上妨碍的比例不高。服务业行业中，认为没有妨碍的比例为 39.13%，选择中等及以上妨碍程度的比例高于工业行业。

图 4－30 反映了工商许可对不同行业企业生产经营的影响情况，从图中可以看到工业与服务业行业的差异性。在服务业企业中，选择没

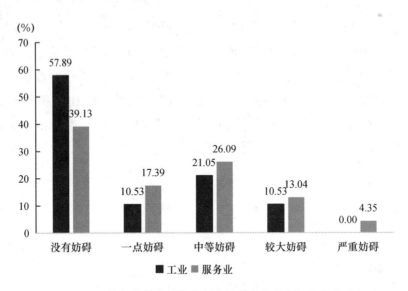

图4-29 按行业划分的税收征收妨碍企业生产经营的程度

有妨碍的占比为 56.52%，选择有一定妨碍的占比也很高，达到 34.78%，也有近一成的企业选择了中等及较大妨碍。在工业行业中，将近八成企业认为没有妨碍，有一成认为有一点妨碍，还有一成多选择了中等或严重妨碍。由此可见，工商许可对工业和服务业影响程度都较轻，尤其是工业行业，绝大多数认为没什么妨碍。

图4-31 反映了政治不稳定对不同行业企业生产经营的影响程度，从图中可以看到工业和服务业的情况有较明显的差异。在工业行业企业中，选择有一点妨碍和没有妨碍的占比相加达到 66.66%，远高于选择中等及以上妨碍程度的比重。在服务业行业中，选择没有妨碍和一点妨碍的比例相加在 50% 左右，选择中等及以上妨碍程度的占比相加也在 50% 左右。由此可见，政治不稳定对于企业的生产经营存在妨碍作用，对服务业的影响比工业更为严重。

图4-32 反映了腐败对不同行业企业生产经营的影响情况，工业和服务业的差异显著。如图所示，在工业行业企业中，选择没有妨碍和一点妨碍的占比最高，相加超过 60%，选择中等以上妨碍程度的较少，

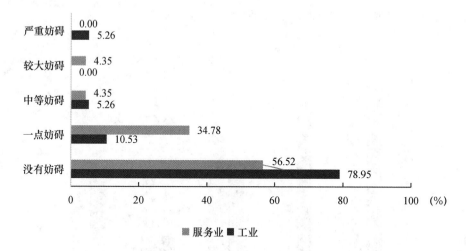

图4-30 按行业划分的工商许可妨碍企业生产经营的程度

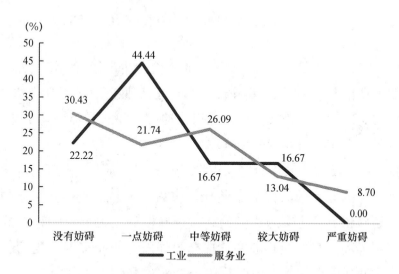

图4-31 按行业划分的政治不稳定妨碍企业生产经营的程度

不足40%。在服务业行业中,选择没有妨碍和一点妨碍的占比相加不到50%,超过半数的企业认为存在中等及以上程度的妨碍,其中选择中等妨碍的占比最高，达到 33.33%。由此可见，腐败对企业的生产经营有密切的影响，尤其是对服务业的影响更加显著。

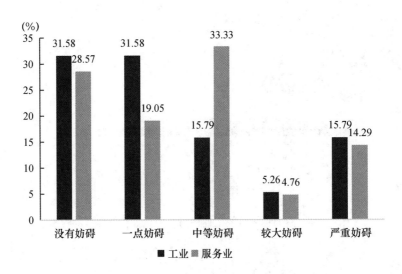

图 4 - 32　按行业划分的腐败妨碍企业生产经营的程度

图 4 - 33 反映了土地许可对不同行业企业生产经营的影响程度，工业和服务业的相似性大于差异性。无论是工业企业还是服务业企业，选择没有妨碍的均占较大比重，分别为 84.21% 和 73.91%。由此可见，土地许可对企业生产经营的影响较小。

图 4 - 34 反映了政府管制与审批对不同行业企业生产经营的影响程度，工业与服务业的共性大于差异。如图所示，工业行业企业中，选择没有妨碍和一点妨碍的比例最高，选择中等及以上影响程度的占比相加不到半数。服务业行业中，选择中等以上妨碍程度的比例超过半数，其中选择中等妨碍的比例最高，达到 30.43%。由此可见，政府管制与审批构成影响企业生产经营的重要因素之一，而且对服务业的影响高于工业。

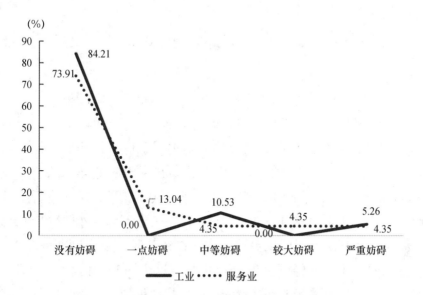

图4-33　按行业划分的土地许可妨碍企业生产经营的程度

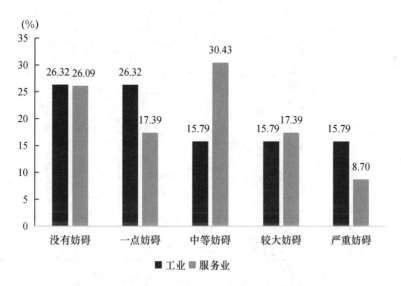

图4-34　按行业划分的政府管制与审批妨碍企业生产经营的程度

第四节　尼泊尔中资企业投资风险分析

尼泊尔的投资环境，对于很多中国企业来说还比较陌生，投资前的可行性调研，对于合理规避投资风险具有非常重要的意义。从表4－11可以看到，绝大多数企业在投资前均进行了可行性调研，但不同行业是否在经开区、有无女性高管也还是存在一定的差异。工业行业企业100%进行了可行性调研，服务业行业企业只有78.26%进行了可行性调研。这与工业和服务业的性质有关，工业行业往往投资额更大、投资程序更为复杂，因而也更加慎重。在经开区的企业也进行100%的可行性调研，比不在经开区的企业更高。这说明经开区的企业基本均为工业企业，并且是经过慎重考虑和评估才决定入驻经开区的。有无女性高管，对于行前调研的影响并不很明显。

表4－11　　　　企业是否进行过尼泊尔投资的可行性调研状况　　　（单位：%）

	有可行性调研	无可行性调研
行业		
工业	100.00	0.00
服务业	78.26	21.74
位置		
不在经开区	88.89	11.11
在尼泊尔经开区	100.00	0.00
其他	50.00	50.00
有无好管理		
有	81.82	18.18
无	95.00	5.00

行前可行性调研的方式多样，包括市场竞争情况调查、外国直接投资法律情况调查、尼泊尔宗教文化与生活习惯的调查、尼泊尔劳动

力素质的调查等诸多方面。从表4-12可以看到，总体而言，市场竞争调查与尼泊尔外国直接投资法律法规是企业投资前调研的最主要内容，其次是文化习俗和劳动力素质的考察，鲜有企业进行了其他方面的更多调查。具体而言，根据企业行业类型划分，工业企业最重视尼泊尔外国直接投资法律法规（78.95%），其次是市场竞争调查（68.42%）和尼泊尔宗教、文化和生活习惯（68.42%）；服务业企业更重视市场竞争调查（88.89%），其次是尼泊尔外国直接投资法律法规（83.33%）和尼泊尔宗教、文化和生活习惯（66.67%）。根据是否位于经开区划分，不在经开区企业最重视市场竞争调查（81.25%）和外国直接投资法律法规（81.25%），此外也关心尼泊尔宗教、文化和生活习惯（68.75%）；位于尼泊尔经开区的企业更重视市场竞争调查（75%）、外国直接投资法律法规（75%）和尼泊尔劳动力素质（75%）。根据有无女性高管划分，有女性高管企业中，最重视尼泊尔外国直接投资法律法规（88.89%），其次是市场竞争调查（83.33%）和尼泊尔宗教、文化和生活习惯（66.67%）和尼泊尔劳动力素质（66.67%）；无女性高管企业中，更关注市场竞争调查（73.68%）和尼泊尔外国直接投资法律法规（73.68%），其次是尼泊尔宗教、文化和生活习惯（68.42%）。

表4-12　　　　　　　　　　企业投资前考察类型　　　　　　　　（单位：%）

	市场竞争		尼泊尔外国直接投资法律法规		尼泊尔宗教、文化和生活习惯		尼泊尔劳动力素质		其他方面	
	否	是	否	是	否	是	否	是	否	是
工业	31.58	68.42	21.05	78.95	31.58	68.42	36.84	63.16	89.47	10.53
服务业	11.11	88.89	16.67	83.33	33.33	66.67	33.33	66.67	88.89	11.11
不在经开区	18.75	81.25	18.75	81.25	31.25	68.75	37.50	62.50	87.50	12.50
在尼泊尔经开区	25.00	75.00	25.00	75.00	50.00	50.00	25.00	75.00	100.00	0.00
其他	100.00	0.00	0.00	100.00	0.00	100.00	0.00	100.00	100.00	0.00
有女性高管	16.67	83.33	11.11	88.89	33.33	66.67	33.33	66.67	94.44	5.56
无女性高管	26.32	73.68	26.32	73.68	31.58	68.42	36.84	63.16	84.21	15.79

表4-13反映了2017年按企业用于安全生产方面额外支付的具体情况。根据行业划分，工业行业和服务业行业差异显著，工业企业中68.42%支付了额外费用，远超服务业行业（17.39%）。企业是否位于经开区也有一定程度的影响，但不是特别显著，不在经开区企业有38.89%支付额外费用，略低于位于尼泊尔经开区以及其他地区的支付率。企业有无女性高管对于是否有安全方面的额外支付几乎不构成影响。总体而言，不分类企业2017年安全生产额外支付率大多高于40%，工业行业尤甚，达到68.42%，这也表明在尼中资企业面临着较大的企业安全生产风险以及相应的额外支付。

表4-13　　　　　　　　　2017年企业安全生产额外支付情况　　　　　（单位：%）

	安全生产有额外支付	安全生产无额外支付
工业	68.42	31.58
服务业	17.39	82.61
不在经开区	38.89	61.11
在尼泊尔经开区	50.00	50.00
其他	50.00	50.00
有女性高管	40.91	59.09
无女性高管	40.00	60.00

表4-14反映了不同类型企业偷盗损失的具体情况。按行业划分来看，工业行业与服务业行业有较大的差异，工业行业企业中26.32%有偷盗损失，比例非常高，远超服务业行业企业4.35%的偷盗损失率。按是否位于经开区划分来看，位于尼泊尔经开区企业25%有过偷盗损失，远超不在经开区13.89%的偷盗损失率。按有无女性高管划分来看，无女性高管企业有20%的偷盗损失率，远超有女性高管企业9.09%的偷盗损失率。由于不分类企业2017年偷盗损失率均小于30%，未发生偷盗损失率均高于70%，服务业行业企业和有女性高管

企业甚至还低于10%，据此可以判定在尼泊尔的中资企业2017年企业偷盗损失状况仍然存在，但总体态势可控。

表4-14　　　　　　　2017年企业偷盗损失　　　　　（单位：%）

	发生过偷盗损失	未发生偷盗损失
工业	26.32	73.68
服务业	4.35	95.65
不在经开区	13.89	86.11
在尼泊尔经开区	25.00	75.00
其他	0.00	100.00
有女性高管	9.09	90.91
无女性高管	20.00	80.00

图4-35反映了中资企业管理层对尼泊尔政治环境的基本认知判断情况，可以看到大部分中资企业感到明显的政治风险。如图所示，认为尼泊尔政治环境不明朗存在不稳定风险（30.95%）、需要警惕党派斗争（19.05%）和经常会有冲突发生（4.76%）的比例相加超过半数，多于认为尼泊尔政治稳定或比较稳定的比例。尼泊尔自2007年废除君主立宪制、实现议会制民主共和制以来，经历了大会党、尼共（毛）和尼共（联合马列）三大政党的多轮政治博弈，10年来走马观花般上台下台的联合政府和政府总理，变数依旧存在的现实，使得中资企业管理层对2018年尼泊尔政治环境情况以及前景持警惕态度。

表4-15反映了企业对未来1年内面临的主要风险的预判。首先，按行业划分，不同企业经营面临多元风险，工业行业企业中，最主要的经营风险集中于市场竞争加剧（57.89%）、政策限制加强（52.63%）、员工工资增长（42.11%）和资源获取难度增加（42.11%）；服务业企业中，经营风险主要集中于市场竞争加剧

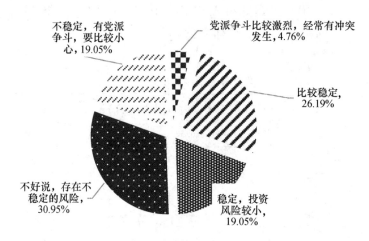

图 4 - 35　中资企业管理层对尼泊尔政治环境的认知

（69.57%）、政治环境变化（47.83%）和政策限制加强（43.48%）。其次，按照企业是否位于经开区划分，不在经开区企业中，经营风险主要集中于市场竞争加剧（61.11%）、政策限制加强（47.22%）和政治环境变化（41.67%）；位于尼泊尔经开区的企业中，经营风险主要集中于市场竞争加剧（75%）、政策限制加强（75%）、员工工资增长（50%）和政治环境变化（50%）；位于其他地区的企业，未来1年经营风险主要集中于市场竞争加剧（100%）、中资企业增多（100%）、员工工资增长（50%）和政治环境变化（50%）。最后，按有无女性高管划分，有女性高管的企业中，经营风险主要集中于市场竞争加剧（63.64%）、政治环境变化（45.45%）和资源获取难度增加（40.91%）；无女性高管的企业中，经营风险主要集中于市场竞争加剧（65%）、政策限制加强（60%）、员工工资增长（40%）和政治环境变化（40%）。总的来说，虽然不同类型企业面临多元的风险变化，但市场竞争加剧、政策限制加强和政治环境变化成为所有企业近期面临的主要经营风险。

表 4 – 15　　　　　　　　企业未来一年经营风险主要方面及比重　　　　（单位：%）

	员工工资增长	市场竞争加剧	资源获取难度增加	研发后劲不足	政策限制加强	优惠政策效用降低或到期	政治环境变化	中资企业增多	产品或服务无话语权	其他方面
工业	42.11	57.89	42.11	10.53	52.63	15.79	36.84	26.32	5.26	10.53
服务业	34.78	69.57	26.09	8.70	43.48	8.70	47.83	30.43	13.04	17.39
不在经开区	36.11	61.11	36.11	11.11	47.22	13.89	41.67	25.00	11.11	16.67
在尼泊尔经开区	50.00	75.00	25.00	0.00	75.00	0.00	50.00	25.00	0.00	0.00
其他	50.00	100.00	0.00	0.00	0.00	0.00	50.00	100.00	0.00	0.00
有女性高管	36.36	63.64	40.91	13.64	36.36	13.64	45.45	31.82	9.09	9.09
无女性高管	40.00	65.00	25.00	5.00	60.00	10.00	40.00	25.00	10.00	20.00

第 五 章

尼泊尔中资企业雇佣行为与
劳动风险分析

　　人力资源管理是建立在经济学以及人本思想指导之下，贯穿招聘、甄选、培训、报酬等管理形式对组织内外相关人力资源进行有效运用，满足组织当前及未来发展的需要，保证组织目标实现与成员发展的最大化。随着尼泊尔经济的逐步发展，更多中资企业的入驻，企业员工逐渐成为企业的核心竞争力，人才逐渐成为制约企业发展的核心资源，企业能否在激烈的市场竞争中立足并占有一席之地往往取决于其所拥有的人力资源。因此一个企业的雇佣行为往往直接影响企业的经营，探究员工构成和员工素质可以大致判断企业的人力资本积累和人才素质情况。同时，境外投资企业还需要承担来自东道国的政策、经营等风险，调研其面临的劳动风险也至关重要。

第一节　尼泊尔中资企业员工构成分析

　　舒尔茨的人力资本理论中从"质"和"量"两个层面进行诠释，[①] 传统的人力资本存量作为人力资本"量"的体现，对促进产业

---

　　① 丁冰、舒尔茨：《"人力资本"论的意义与马克思资本理论的比较——纪念马克思诞辰 190 周年》，《山东社会科学》2008 年第 7 期。

发展与经济增长均起到了良好的促进作用，而随着经济发展质量的提高，反映人力资本"质"的部分逐渐成为促进经济发展的更主要因素，即企业更加追求受过良好教育、接受过就业培训的高素质人才。从人力资源管理价值链的角度，人力资源管理活动分为：事务性活动、专业性活动和变革性活动，分别由一线员工、技术人员和中高层管理者负责。在本次调研的企业中，将企业员工分为一线（生产）员工、非生产员工、技术（设计）人员以及中高层管理人员，总体上而言，员工的综合素质是逐步上升的，一线员工和非生产员工是传统企业人力资本存量的重要体现，而技术（设计）人员和中高层管理人员则是反映企业人力资本的"质量"，是现代企业成长不可或缺的重要组成部分。

表 5 - 1 反映了尼泊尔中资企业员工按照性别和国籍区分，员工数量的占比情况。可以看到，受访企业员工以男性居多，女性仅占二成（22.05%）多，根据企业性质不同，企业员工的性别比例存在较大差距。据统计资料显示，2017 年尼泊尔男性和女性的劳动参与率分别为 82.7% 和 85.9%，其中女性劳动参与率高出世界平均水平 34 个百分点，[1] 可见尼泊尔女性能够较为充分地参与劳动。因此，中资企业女性员工占比很少主要受到行业影响，将本次调研的企业分为工业企业和服务业企业，以餐饮、住宿、销售为代表的服务业，企业类型以私营为主，规模较小，这类企业的女性员工相对较多，以能源工业、建筑业和交通运输业为代表的工业企业，规模相对较大，男性员工居多，因此，女性员工总体数量被稀释，同时女性员工在企业的占比也有非常明显的行业差异，个别企业女性员工占比近九成（86.67%），有的却没有女性员工。另外，中、尼、其他国家员工占比平均为 7.2∶2.7∶0.1，中方员工和尼方员工在不同企业中数量也存在较大差异。

---

① 联合国开发计划署：《人类发展指数与指标》，http：//hdr. undp. org。

表 5 - 1　　　　　　　　　　　　企业员工构成　　　　　　　　　（单位：%）

各类员工占比	均值	标准差	最大值	最小值
女性员工占比	22.05	20.54	86.67	0.00
尼泊尔员工占比	72.12	18.90	97.00	14.29
中国员工占比	27.38	18.47	85.71	3.00
其他国家员工占比	0.51	2.71	16.89	0.00

　　企业一线员工是工业企业工程（产品）的直接接触者，是服务业中的直接服务群体，企业的有序发展、利润的创造在一定程度上依赖于一线员工。从表 5 - 2 中可见，受访企业一线员工总体占比近四成（39.79%），其中尼泊尔一线员工占比较大（82.35%），中方员工占比较少（12.47%），这是大部分中资企业一个显著的特点，即管理者多为中方人员，而基层工作者多为本地雇佣者。探究其原因，主要在于一线工人是企业中的基层工作者，其要求的工作技能、知识水平和劳动力综合素质相对较低。根据统计资料显示，2016 年尼泊尔的人口效率仅为 4220 美元，中国的可以达到 25369 美元，世界平均水平为 33737 美元。[①] 因此尼泊尔国工人普遍受教育程度较低，工作效率远低于中国员工，且仅为世界平均水平的 1/10 左右，大部分群体在中资企业中仅有能力承担基础工作，同时劳动成本也相对低廉，企业大量使用尼方员工可降低人力资源成本。

表 5 - 2　　　　　　　企业一线工人或生产员工构成　　　　　（单位：%）

	均值	标准差	最大值	最小值
一线员工或生产员工占比	39.79	37.96	96.36	0.00
一线员工或生产员工中尼泊尔员工占比	82.35	29.31	100.00	0.00
一线员工或生产员工中中国员工占比	12.47	22.96	100.00	0.00
一线员工或生产员工中其他国家员工占比	5.18	20.19	100.00	0.00

---

　　① 根据世界银行（Word Bank）数据库就业人口及 GDP（现价美元）相关数据整理计算，https：//data. worldbank. org. cn/indicator/SP. POP. GROW。

　　企业高层管理者往往是一个企业的战略者、决策者、协调者、实践者和开拓者。高管作为管理型人力资本所有者为企业在经营管理方面提供现实的和潜在的创造性劳动，即现在和未来能够为企业带来的经济收益。本次调研的高级管理者主要包括企业的所有者、经理、副经理、财务负责人、董事会秘书以及实际参与企业经营管理活动的其他人员。从表5-3中可以看到，中资企业的高管占员工比例平均在20.72％，对于一些小规模的私营企业，中高层管理人员占比甚至超过一半（60％），在这些管理者中，中国人居多数，占比高达81.66％，这是中资企业的显著特点，国企中高管多为国内外派，私企中高管主要是亲戚朋友、合作伙伴，在企业管理、交流合作等方面中方员工表现出一定的优势，因此中方高管人数较多。但在尼中资企业，其产品和服务对象以尼泊尔人民为主，一定的尼泊尔管理人员可以更好地协调企业与地方的关系，整合当地人力、物质资源，并能够更好地确保企业行为活动与预先制订的计划相符合。目前而言，尼泊尔员工成为高管存在诸多的壁垒，大部分员工认为企业在晋升制度上存在一定的国别偏向，随着中资企业在尼泊尔的逐步发展和融入，企业应该考虑机制性措施，鼓励尼泊尔员工不断进取创新，融入企业的管理工作。

表5-3　　　　　　　　　　企业中高层管理员工构成　　　　　　　（单位：％）

	均值	标准差	最大值	最小值
中高层管理员工占比	20.72	16.32	60.00	0.00
中高层管理人员中尼泊尔员工占比	18.34	28.82	100.00	0.00
中高层管理人员中中国员工占比	81.66	28.82	100.00	0.00

　　专业技术人员主要指在各种经济成分机构（包括国家机关、党群组织、全民企事业单位、集体企事业单位和各类非公有制经济企业）中专门从事各种专业性工作和科学技术培训工作的人员，包括受访企

业中的律师、税务师、教师、工程师、设计师、新闻工作者等。[①]
表5-4反映了企业技术人员和设计人员的构成情况，可见其占比为
21.49%。不同企业人员构成情况各异，对于一些技术密集型企业，
其技术人员和设计人员占比超过八成（83.33%），而对于一些从事
简单贸易或是劳动密集型企业，占比较少，甚至不需要相关的技术人
员。技术和设计人员作为企业的重要智力资本，是企业培育核心竞争
力与获取竞争优势的关键环节。在受访企业中，技术人员构成不存在
较大的国别差异，中方员工和尼方员工占比分别为53.24%和
43.11%，中国技术人员略多于尼泊尔人员。

表5-4　　　　　　　　企业技术人员和设计人员构成　　　　　（单位：%）

	均值	标准差	最大值	最小值
技术人员和设计人员占比	21.49	27.32	83.33	0.00
技术人员和设计人员中尼泊尔员工占比	43.11	38.26	100.00	0.00
技术人员和设计人员中中国员工占比	53.24	39.85	100.00	0.00

企业非生产员工一般从事生产、创造、扩展和应用知识的活动，
通过自己的分析、判断、综合、设计、管理等给公司带来附加值，是
利用知识和信息工作的人，为公司带来知识资本增值。在尼泊尔的受
访中资企业中，非生产员工是介于一线员工和技术人员之间的职位，
非生产员工相对于生产员工（一线员工）而言，受教育程度和个人
素质较高，为公司带来的附加值相对较高，受访企业中非生产员工主
要指一般销售人员、餐厅服务人员、企业从事一般文书工作等人员。
从表5-5中可见，非生产员工占比为23.08%，和企业一线员工趋势
一致，企业招聘的本地员工相对较多，其数量是中国员工的1倍左
右，根据企业性质不同，不同国籍员工占比存在较大差异。对于这类

---

① 赵延东、李睿婕、何光喜：《新时期我国专业技术人员阶层的社会功能分析》，
《中国软科学》2018年第6期。

技术壁垒较低的非生产性岗位，无论在招聘难度、企业运营还是用人成本上，招聘尼方员工都是更好的选择。

表5-5 企业非生产员工构成 （单位：%）

	均值	标准差	最大值	最小值
非生产员工占比	23.08	24.67	100.00	0.00
非生产员工中尼泊尔员工占比	61.23	40.47	100.00	0.00
非生产员工中中国员工占比	32.61	38.86	100.00	0.00

综上，尼泊尔中资企业的雇佣行为存在较为明显的男性偏好，女性员工较少。同时其雇佣员工是基于单位的岗位设置进行的，从受访企业的岗位设置来看，大多根据岗位的能力要求从低到高分别是基层岗位、专业技术岗位以及管理岗位，分别雇佣一线员工或非生产员工、技术人员或设计人员、中高层管理人员。在雇佣的人员数量上可以看到，职位越高，雇佣人数越少，且在不同职位间人员的雇佣有一定的倾向性，随着岗位设置要求的不断提高，中国员工人数呈现出逐步递增的趋势，相对应的尼方人数逐步减少。国籍间的较大差异主要在于：（1）中资企业的岗位设置和聘用制度对国籍有一定的偏向，特别是国有企业中高层管理人员，多为中国人；（2）尼泊尔员工的总体工作效率、人员素质、综合能力低于中方员工，因此在岗位选择上受到较大限制；（3）基于企业利润最大化的经营原则，会倾向于聘用人力成本较低的尼方员工从事体力工作，包括工程项目建设等的一线员工以及餐厅服务人员等的非生产性员工，由此极大地增加了基层岗位本地员工的数量。同时，不同性质企业在雇佣行为中存在较大的个体差异，不同企业不同岗位之间的员工数量差异较大，特别是企业技术人员和非生产人员，对于教育、医疗、法律、文体新闻等技术密集型行业，技术人员占比极大；而对于餐饮、住宿、零售等服务业，非生产人员占比较大。

表5-1至表5-5分析得出中资企业整体雇佣行为有其一致性，

但也存在较大的行业差异。除了行业差异以外，影响企业雇佣行为的另一个因素就是企业规模的大小。从表5－6中可以看到两个重要现象：第一，随着企业规模的扩大，女性员工占比在逐步减少，不同企业之间的性别差异也在缩小，另外大型企业对于性别的偏好尤为显著，女性员工仅占员工比例的1.86%，人数最多的企业也仅有5.99%，且这个现状不存在于个别大型企业，而是一个普遍情况。第二，企业中非生产员工、技术人员（设计人员）和中高层管理者都随着企业规模的增加而呈现递减的趋势，由此可以推断大型企业中人数占比最大的为一线员工或生产员工。造成以上两个现象的主要原因在于，这类企业对雇佣对象有一定的特殊需求，对岗位的设置有明显的行业偏向。从受访企业的行业分布来看，大型企业大多是工业行业，包括砖厂、水泥厂、家具厂、水电厂以及航空运输公司，这些企业存在大量的一线员工多为青壮年男性，从事劳动密集型工作；中型企业则多为服务业行业，主要是文化出版、法律、税务、研究院、医疗卫生等行业，因此存在大量的专业技术人员；而小型企业主要为零售、餐饮、住宿等私人经营的企业，高管和非生产员工人数较多，这类企业没有明显的性别偏好，女性员工相对较多。总的来看，中资企业中女性员工占比较少，女性在职业结构上与男性存在巨大的性别差异，在高端行业和高层次职业上处于弱势地位，难以进入大型企业；传统服务行业吸纳更多的女性就业者，工业行业女性员工相对偏少。

表5－6　　　　　　　　　按企业规模大小划分的企业员工构成　　　　　　（单位：%）

	企业规模类型	均值	标准差	最大值	最小值
女性员工占比	小型企业	32.04	21.05	86.67	0.00
	中型企业	23.60	11.69	40.00	7.24
	大型企业	1.86	1.75	5.99	0.00
中高管理层占比	小型企业	31.05	14.42	60.00	6.67
	中型企业	17.37	9.08	30.00	4.17
	大型企业	3.45	2.12	7.09	0.00

续表

	企业规模类型	均值	标准差	最大值	最小值
技术人员和设计人员占比	小型企业	22.82	28.60	83.33	0.00
	中型企业	34.79	29.73	81.16	0.00
	大型企业	9.28	18.59	64.55	0.00
非生产员工占比	小型企业	31.52	26.47	100.00	0.00
	中型企业	27.57	23.11	70.00	4.35
	大型企业	3.70	4.41	12.00	0.00

表 5 - 7 反映了尼泊尔不同规模中资企业的员工流动情况，可以看到随着企业规模的扩张，员工流动越来越频繁，不同企业之间的员工流动差异也越发显著。经济全球化趋势及知识经济不仅改变了世界的经济结构和总体格局，也改变着组织结构和员工的工作生活方式。企业面临着更加复杂且不确定的竞争环境，这对组织结构的灵活性、扁平化提出了更高的要求，而且导致员工的工作和职业生涯特性发生巨大的变化。无边界和易变性职业生涯成为员工必须面对的组织特征。企业组织结构、管理结构、工作稳定结构的变革导致传统的企业和员工之间紧密的依附关系被表面灵活的、松散的新型雇佣关系所替代，员工的就业价值观和工作安全感受到剧烈的冲击，传统的组织边界被打破。[①] 因此，对于企业而言，灵活的、不稳定的员工队伍是企业面临的人力资本投资风险之一，这一风险主要体现在高管和专业技术人员的离职将增大企业寻找新员工的替代成本和技术外溢的风险。在技术进步、全球化竞争等多重驱动力的作用下，企业还面临着构建人力资本竞争优势的困难，特别是对于大企业而言，如何在外部劳动力市场主导下，降低人力资本投资风险，并尽可能地扩大企业人力资本竞争优势，是企业亟待突破的难题。对于员工而言，就业不稳定不

---

① 凌玲:《新型雇佣关系背景下雇佣关系稳定性研究——基于可雇佣能力视角》，《经济管理》2013 年第 35 卷第 5 期。

利于自身能力的培养和积累，只有获得相对稳定的就业保障，员工才能形成经济上和心理上的安全感，企业如何提升员工对本企业的归属感，降低员工的机会主义行为也至关重要。另外，从净流入数据可以看到，2018 年受访企业新增雇佣人员大于辞职人员，员工总体数量增加，说明企业存在一定的扩张趋势，随着尼泊尔政治局势的逐步稳定、投资市场的日益完善，中资企业在海外营商环境的改善使得企业人员有所增加，对于企业的发展有一定的积极作用。

表 5 - 7　　　　　　　　　　企业全部人员流动情况

	企业规模类型	均值	标准差	最大值	最小值
新增雇佣人员	小型企业	3.18	3.75	12	0
	中型企业	9.25	7.89	25	0
	大型企业	121.10	159.77	520	0
辞职人员	小型企业	1.68	4.18	20	0
	中型企业	4.13	4.88	15	0
	大型企业	78.45	72.12	217	0
净流入人员	小型企业	1.50	4.19	11	- 10
	中型企业	5.13	4.97	14	0
	大型企业	46.80	153.37	340	- 217

　　表 5 - 8 和表 5 - 9 则专门对尼泊尔和中国员工的人员流动进行了统计，可以看到尼泊尔员工作为中资企业的主要组成部分，其人员流动数量相对中国员工来说更大，员工的流入流出数量与企业规模呈正相关。从走访中了解到，虽然企业中尼双方员工都存在不同程度的流动，但影响人力资本流动的因素各不相同，对于尼泊尔人而言，他们多从事基础性、替代性强的工作，主要受到外部劳动力市场的影响以及企业内的薪酬、工作性质和人际关系的影响，他们的流动相对而言给企业造成的运营风险和成本损失较小。而对于中国员工，他们主要担任企业的中高层管理人员或是技术人员，更加关注企业的市场竞争力、薪酬、培训、职业发展潜力，也会考虑在尼泊尔生活是否习惯、

能否适应当地的工作环境等因素。

表5-8 企业尼泊尔员工流动情况

	企业规模类型	均值	标准差	最大值	最小值
新增雇佣人员	小型企业	2.82	3.28	11	0
	中型企业	9.00	7.33	23	0
	大型企业	95.00	122.47	400	0
辞职人员	小型企业	1.55	4.19	20	0
	中型企业	4.13	4.88	15	0
	大型企业	69.18	60.99	200	0
净流入人员	小型企业	1.27	3.63	9	-10
	中型企业	4.88	4.73	14	0
	大型企业	30.90	131.70	300	-200

表5-9 企业中方人员流动情况

	企业规模类型	均值	标准差	最大值	最小值
新增雇佣人员	小型企业	0.36	1.29	6	0
	中型企业	0.25	0.71	2	0
	大型企业	26.1	45.05	120	0
辞职人员	小型企业	0.14	0.47	2	0
	中型企业	0.00	0.00	0	0
	大型企业	10.20	25.09	80	0
净流入人员	小型企业	0.23	1.41	6	-2
	中型企业	0.25	0.71	2	0
	大型企业	15.90	33.36	100	-17

第二节 尼泊尔中资企业的雇佣行为分析

目前,我国许多跨国经营企业纷纷实施了"走出去"的发展战略,这导致了对于外派人员的需求加剧。外派高管在尼泊尔派遣时间的长短将对企业驻外子公司（办事处）的经营发展产生直接影响，对国内母公司的人力资源管理也会产生一定的间接影响。从图5-1中可见，中国派到尼泊尔高管的派遣时间存在较大差异，有一半多的高管在外工作时间在1—3年之间（51.43%），有约1/4的人外派时间不足1年（25.72%），有不足1/5的人外派时间较长在4—6年之间（17.14%），只有极少数外派高管在尼泊尔工作时间长达6年以上（5.71%）。

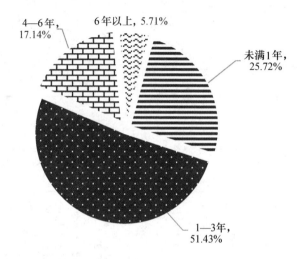

图5-1　中国派到尼泊尔高管的平均派遣时间

造成外派高管派遣时间产生巨大差别的原因可能有以下两个方面。一方面，外派时间过长和过短会对企业产生不同的影响，因此母公司对于外派高管的管理制度存在差异。外派时间过长容易造成高管归国后因在尼泊尔没能得到合适的职业指导和职业发展规划而不适应国内母公司的文化氛围，导致外派人员的离职，企业为此需要支付高昂的离职成本，还会造成降低生产力及效率、缩减市场占有率、中断与尼泊尔的顾客关系、公司声誉或形象受损等负面影响；外派时间过短，高管难以掌握驻外子公司（办事处）的具体情况，难以做出科学规划的长期发展战略，在人员招聘、职能部门管理、流程和制度建立等方面都存在问题，不利于尼泊尔中资企业的发展，另外，频繁更换高管，也一定程度地增加了母公司的人力成本。另一方面，外派高管肩负着企业开发、拓展国际市场的重任，与国内员工相比，企业往往寄予外派人员更高的预期，但其工作绩效的低下是企业面临的普遍问题，以受访的工程项目为例，其外派员工往往是工科背景，既是企业中高层管理人员，又是专业技术人员，但有时也存在沟通能力欠缺的情况，加上对地方政策、工作环境的不适，会影响其工作效率，在业务提升方面也会受到限制，因此会出现因绩效不佳或适应不良而提前结束外派任务的情况。企业对于高管外派时间的确定，需要考虑外派人员的回流以及驻外单位的绩效两方面，建立一个协调平衡的外派人员管理体系，并对外派高管给予足够的重视，保证企业驻外单位的有序发展。

在尼泊尔的社会、经济和教育领域，英语与尼泊尔语一样，是广泛使用的官方语言。[①] 而在中国，英语作为商业通用语，其普及率较高，英语交流能力是企业选拔外派人员时的重要考量因素。从表5－10中可见，高管的英语交流能力普遍较好，其中工业行业可以交流、能够流利表达甚至可以非常流利表达的人群占八成以上（84.21%），而服务业高管的交流能力相比之下略差，但能够交流的人员占比也接近七成（69.56%）。本次调研单位按照工业企业和服务业划分，两者在行业规模上有较大的差距，工业行业以大中型国有企业为主，而服务业行业以中小型私营企业为主，因此在高管综合素质方面，工业行业大多优于中小型企业。对比企业是否处在经济开发区，可以看到，处于经开区的企业高管英语交流能力较强，所有高管都可以使用英语与员工交流。结合表3－3来看，处在尼泊尔经开区的企业全部为国有企业，对于大型国企而言，其高层管理人员的综合素质相对较高，企业对于外派高管的筛选较为严格，英语交流能力也较强。总体而言，在

---

① 张淑兰、刘洋、［尼泊尔］阿荣旗：《"一带一路"国别概览（尼泊尔）》，大连海事大学出版社2018年版，第55—58页。

尼泊尔的中资企业中高管与尼泊尔员工的日常交流不存在较大的问题，只有极少部分服务业企业（8.70%）的高管不会使用英语。有研究显示，外派人员的外语能力与工作绩效存在显著的正相关，扎实掌握派驻国语言能够给外派者带来诸多利益，包括增加生活满意度、减少工作失误等。[①] 相反，如果外派人员外语能力欠佳，往往会给企业运营带来一定困扰。

表5-10　　　　　　　　　　企业高管英语流利程度　　　　　　（单位：%）

	完全不会	会一点	可以交流	流利	非常流利
工业	0.00	15.79	21.05	36.84	26.32
服务业	8.70	21.74	13.04	30.43	26.09
不在经开区	5.56	22.22	16.67	33.33	22.22
在尼泊尔经开区	0.00	0.00	0.00	25.00	75.00
其他	0.00	0.00	50.00	50.00	0.00

　　熟练掌握当地语言有助于外派者获得当地社会的认可，对其工作内外的适应均具有积极促进作用。从表5-11中可知，在尼泊尔的中资企业高管对尼泊尔语的掌握情况不佳，特别是在工业行业，可以使用尼泊尔语交流的高管仅占一成多（10.52%），而服务业行业的高管对于尼泊尔语的掌握程度相对较高，有约三成的人表示可以使用尼泊尔语交流。造成中资企业高管对尼泊尔语言掌握程度较差的大体有两个方面：第一，尼泊尔是一个语系丰富的国家，进入21世纪以后，尼泊尔政府在新宪法中强调了语言文化的多样性，在2011年的人口普查中显示仅被政府承认的语言种类就高达123种，其中被认定为唯一官方语言的是尼泊尔语，有超过1000万人在使用，占比达44.6%，除此之外还有迈蒂利语（11.7%）、博杰普里语（5.98%）、塔鲁语（5.77%）、

---

① 史兴松：《外语能力与跨文化交际能力社会需求分析》，《外语界》2014年第6期。

塔芒语（5.11%）等语言，对于中资企业高管而言，学习难度较大，同时对于外派高管，尼泊尔语的实用性较低，花费在学习当地语言上的投入产出比较低；第二，在走访中可以看到，一些可以接触到企业管理者的尼泊尔员工，多数会使用英语，甚至可以用中文交流，因此，学习尼泊尔语的必要性就大为降低。

表5-11　　　　　　　　企业高管当地语言流利程度　　　　　　（单位：%）

	完全不会	会一点	可以交流	流利	非常流利
工业	26.32	63.16	5.26	0.00	5.26
服务业	21.74	47.83	8.70	8.70	13.04
不在经开区	25.00	58.33	8.23	2.78	5.56
在尼泊尔经开区	25.00	25.00	0.00	0.00	50.00
其他	0.00	50.00	0.00	50.00	0.00

企业培训是企业管理的重要活动之一，目的在于通过培训员工工作技能，提高工作绩效，改变员工的行为模式和态度，优质的员工培训还可以提高员工适应知识化、全球化等外部环境和企业内部环境变化的能力，从而提升企业软实力，推动各项任务得到更好的完成。因此，探究企业的培训情况可以大致了解企业的人力资本积累和长期发展态势。表5-12反映了企业培训员工的规模和次数，总体看来2017年各企业平均培训约146名员工，培训次数约为60次，与尼泊尔当地企业相比，培训的人数和频率较高，说明中资企业对人力资本的重视。同时，因企业规模大小和行业不同，在培训规模和次数上存在较大的差异。根据行业类型进行划分，工业企业的培训次数（88.12次）显著多于服务业企业（32.13次）。另外不同的工业企业其培训安排也存在巨大的差异，规模较大、员工专业技能要求较高的企业甚至出现日均培训3次的频率，而有的企业一年仅培训1次，甚至于不进行员工培训。相对而言，服务业中各企业的培训则相对均衡，培训频率约为10

天一次，个别企业做到了每日进行例会培训，也有个别企业固定每年培训一次。值得注意的是，企业是否有工会组织很大程度上影响了员工培训的次数，有自身工会的企业培训次数是没有工会企业的 7 倍。设立自身工会的企业在管理活动中较为规范，对员工的培训也会纳入企业人力资源管理范畴之中，总的来说，大部分中资企业非常重视员工培训，认识到员工培训是企业适应社会发展的客观需要，是增强竞争力的切实需要，也是企业可持续发展的本质需要。但在保证了培训"量"的基础上，企业培训的内容是衡量培训"质"的重要指标。

表 5-12　　　　　　　　2017 年企业培训人员规模与次数　　　　（单位：人、次）

	均值	标准差	最大值	最小值
培训的尼泊尔员工人数	145.56	299.26	1300	1
培训的次数	60.97	187.81	999	1
工业企业员工培训次数	88.12	247.78	999	1
服务业企业员工培训次数	32.13	89.65	365	1
不在任何经济开发区的企业员工培训次数	61.44	200.34	999	1
在本国经济开发区的企业员工培训次数	无	无	无	无
其他企业员工培训次数	87.25	158.56	325	2
有自身工会的企业员工培训次数	162.11	331.18	999	1
没有自身工会的企业员工培训次数	23.04	73.62	365	1

表 5-13 反映了中资企业员工培训的内容，可以看到受访企业最重视的培训类型是职业培训和技能培训。职业培训的内容主要包括管理与领导能力、人际交往与沟通技能、写作能力、职业道德与责任心培养，其中，管理与领导能力和职业道德培养是工业企业较为注重的方面，写作和人际交往能力较少注重；而一半以上的服务业企业会进行人际交往与沟通技能的培训，对于管理、写作能力也相对关注，在职业道德方面较少重视。技能培训包括计算机或一般 IT 使用技能、工作专用技能、英文读写以及安全生产培训，其中，专业技能和安全生产是大部分工业企业培训的必备项目，服务业企业只对工作专业技能较

为重视，对于安全生产的培训比率远低于工业企业，主要原因在于这类企业的工作性质安全系数较高，而工业企业的一线员工需要承担一些有一定危险的工作，因此需要格外重视安全问题。除此之外，所有企业都提到一些其他培训内容，从访谈中得知主要有意志培训和认知培训，意志培训主要是通过开展知识竞赛、小型联欢会等培养员工的团队凝聚力，认知培训则主要是对企业管理者、制度、员工守则、企业文化等进行宣讲，定期组织座谈会等促进员工准确认识企业并找准自己在企业中的定位。

表5－13　　　　　　　　　企业对员工培训的类型　　　　　　（单位：%）

	管理与领导能力	人际交往与沟通技能	写作能力	职业道德与责任心	计算机或一般IT使用技能	工作专用技能	英文读写	安全生产	其他能力
工业	41.18	23.53	11.76	47.06	11.76	82.35	0.00	88.24	41.18
服务业	35.29	52.94	35.29	29.41	17.65	70.59	5.88	35.29	35.29
不在经开区	35.71	35.71	32.14	21.43	14.29	78.57	3.57	60.71	35.71
在尼泊尔经开区	50.00	50.00	100.00	25.00	25.00	75.00	0.00	75.00	50.00
其他	50.00	50.00	0.00	50.00	0.00	50.00	0.00	50.00	50.00
有自身工会	33.33	11.11	44.44	22.22	11.11	77.78	0.00	100.00	33.33
无自身工会	40.00	48.00	36.00	24.00	16.00	76.00	4.00	48.00	40.00

将企业按照是否在经开区划分可知，处在经开区的企业异常重视写作能力，可以理解为受访的个别国企对于员工有一定的写作要求，可以看到，无论是职业培训还是技能培训，处在经开区的国企都有更为丰富的培训内容。

将企业按照是否有自身工会划分，可以看到，自身没有工会的企业相对更加重视职业培训，特别是人际交往能力成为这类企业职业培训的重点，而在技能培训方面，仅有不到一半的企业选择安全教育，除了企业没有需求外，也存在部分企业没有安全教育意识的问题。

虽然大部分尼泊尔中资企业会进行员工培训，但仍有部分企业不进行正规培训。从图 5 - 2 可见，这些不进行正规培训的企业大部分是由于没有培训需求（87.50%），主观意愿上不进行员工培训，而剩下的小部分则是由于缺乏相关培训项目（12.50%），客观上没有条件进行培训。针对后者，造成这一结果的主要原因在于企业规模较小、资金紧缺、员工数量较少，难以形成规模化的正规培训，因此需要采取灵活多样的方法，包括采用以老带新的方法进行职业培训，在技能培训方面鼓励员工自学，成效显著者给予一定的奖励等，以最小的人力成本，达到提升员工业务能力的目的。

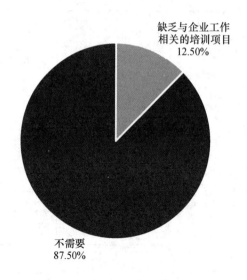

图 5 - 2　公司没有正规培训的原因

员工招聘是指组织通过采用一些方法寻找、吸引那些有能力又有兴趣到本组织来任职的人员，并从中选出合适人员予以聘用的过程。表 5 - 14 展示了 2017 年在尼中资企业在招聘过程中面临的问题。首先，根据行业划分，无论是工业企业还是服务业企业，普遍面临求职者过少以及员工工作技能缺乏的问题，部分企业在招聘时还遇到求职者对提供的薪酬不满的情况，而对工作条件和因语言问题造成的交流困难不是招聘中存在的普遍问题。具体到服务业行业，其面临的招聘问题更加严峻，其中对员工工作技能不满的企业占到八成（82.61%），比工业企业高出 19.45 个百分点，超过六成的企业反映员工招聘时对薪酬有着过高的期望（65.22%），而这个问题在工业企业中并不突出。究其原因，虽然尼泊尔有着大量廉价的劳动力，但由于劳动力素质较低，达不到中资企业特别是服务业行业企业的招聘要求，相反，能达到企业要求的劳动力，又对企业薪酬有着过高期望，造成双向选择的困难。员工招聘是一项双向选择的活动，在劳动力市场上，除了劳动者需要为获取理想职位而努力提高自己的素质和能力外，企业也需要不断提高效益，改善自身形象，增加自身的吸引力。

表 5 - 14　　　　　　　　2017 年企业招聘遇到的问题类型　　　　　　（单位：%）

	求职者过少	缺乏所需技能	期望薪酬过高	对工作条件不满	交流困难
工业	63.16	63.16	42.11	15.79	26.32
服务业	78.26	82.61	65.22	18.18	34.78
不在经开区	22.22	69.44	52.78	13.89	33.33
在尼泊尔经开区	75.00	100.00	75.00	66.67	0.00
其他	50.00	100.00	50.00	0.00	50.00
有自身工会	44.44	66.67	44.44	33.33	22.22
无自身工会	24.24	75.76	57.58	12.50	33.33

其次，按照企业是否在经开区划分，可以看到处在经开区的企业在招聘员工时面临更大的压力，所有企业都反映求职者技能掌握程度不佳，而大部分企业都存在求职者过少和期望薪酬过高的问题（75%），值得注意的是，超过六成的求职者出现了对工作条件不满的情况（66.67%），这不是企业招聘面临的普遍问题，而是仅在经开区内出现的，因此对于经开区的国企需要重视员工的工作环境，改善硬件设施条件用以吸引优秀求职者。

最后，按照企业是否有企业工会来划分，可以看到大部分没有工会组织的企业招聘时不存在求职者过少的问题，这是大部分中资企业的困扰，但对于没有企业工会的小型企业，招聘要求相对较低，员工的需求量相对较小，由于招聘门槛的降低而吸引更多求职者，使得这类企业不用担心人力资源数量，但相对于有工会组织的企业，求职者的职业技能水平相对更低，因此这类企业需要加强和重视员工的培训工作，以弥补员工素质较低的问题。

在尼中资企业与尼泊尔当地企业的最大区别在于企业中存在中、尼两种不同国籍的员工，因此语言沟通能力被视为员工的重要职业能力之一。图5-3体现了企业对员工沟通能力的衡量标准，多数企业主对中文听说能力、英文听说能力、沟通能力、团队合作4项衡量指标按照重要性来进行排序，从高到低分别是团队合作、英文听说能力、沟通能力和中文听说能力。这一排序得到了大部分企业主的认同，特别地，团队合作能力是企业主十分看重的，认同其重要性的雇主占95.24%，企业管理者清晰地认识到团队合作是组织成功的重要因素，团队氛围强的成员容易对有关团队切身利益的事情拥有共同感和责任感，在工作上也更加团结奋进，从而达到团队所期待的目标。[①] 员工的中文听说能力在多数企业主（59.52%）看来不是进入中资企业的必要技能。结合表5-10来看，多数企业管理者可以使用英语交流，尼泊尔员工掌握英语听说能力远比掌握中文简单，因此对员工的语言能力降低至可以熟练听说英语，能说中文是员工考核的加分项而非必须掌握的技能。

除了沟通能力外，企业主对于员工的相关工作能力也有不同的衡量标准，从图5-4可以看到，不同企业主对于工作能力的高低的判断标准有所差别。有一半的管理者认为时间管理能力是最为重要，其次是相关技能和独立工作能力，至于问题解决能力，虽有其重要性，但

---

① 杨肖锋：《团队氛围、网络密度与团队合作——基于民营企业工作团队的实证分析》，《中国人力资源开发》2013年第11期。

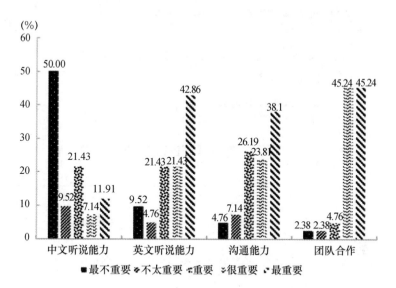

图 5 - 3　企业主认为语言沟通能力的重要性

不是衡量一个员工工作能力的最重要指标。时间管理是指运用一些技巧、技术或是工具完成工作，包括 GTD 方法、时间四象限法，遵循帕累托最优原则、精简原则在有限的时间内创造更大的价值。图 5 - 3 可见员工团队合作的重要性，但团队合作容易产生"搭便车"现象，因此强调员工的个人素质和独立工作能力很有必要，独立工作能力是指除了可以胜任本职工作外，还要能够胜任因科技发展而产生的新工作。问题解决能力是指在日常工作中察觉问题发生的征兆，防患于未然，发现并解决问题，其主要表现在发现问题、分析问题、解决问题，要求员工具备一定的敏锐性、洞察力及整体把握能力，因此问题解决能力是员工相关能力中要求较高的一项，多数员工不具备分析性思考、创造性思考、归纳性思考和演绎性思考的能力，企业管理者也不进行强调。总体而言，员工相关能力是其做好本职工作的重要依据，绝大多数企业主认为上述四项能力很有必要，认为上述能力不重要的企业主不超过 5%，只是依据企业的不同性质、员工的不同工作而有所侧重。

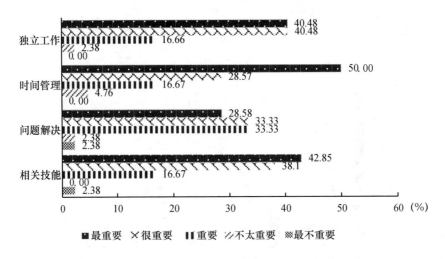

图5-4　企业主对员工不同能力的重视程度

第三节　尼泊尔中资企业劳资纠纷及
处理效果分析

随着我国"走出去"的步伐加快，中资企业在尼泊尔的经营活动越发频繁，劳务用工的形式日益多样化。近年来，使用外籍员工的数量和比例都在不断增加，目前超过七成的尼泊尔员工使得企业在管理过程中需要不断地磨合与适应。在此过程中，不可避免地与当地雇佣人员因用工管理、工资福利待遇等问题引发劳资纠纷，个别项目工地还出现因当地员工对工资待遇不满而发生大规模打砸抢的恶性事件。这是企业运营过程中会遇到的问题之一。劳动争议也可以称为劳动纠纷，是工业化大生产的产物，它是指建立了劳动关系的双方当事人之间，或者是其他的团体之间所发生的有关劳动权利与义

务的争议。① 企业与当地员工发生纠纷的主要原因是企业对当地劳工
法律法规、风俗习惯不熟悉。这些事件不仅给中资企业带来重大经济
损失，而且极大地损害了中国的国家形象，极易引发外交风波。因
此，研究境外中资企业劳资纠纷现状产生的原因以及解决途径，总结
经验教训，避免纠纷产生，对于中资企业的持续经营有着重要的
意义。

　　图 5 - 5 反映了企业近 3 年来发生劳动争议的持续时间，可以看
到，绝大多数企业没有发生过劳动争议（85.72%）；少数企业出现
了劳动争议持续 1—7 天的情况（9.52%），这种争议一般情况涉及的
员工数量不多，且争议内容较易解决，不会对企业造成太大的损失；
极少数企业的劳动争议时间较长（4.76%），超过了 7 天，这类劳动
争议规模相对较大，争议的原因相对复杂，除了通过企业内部调解
外，会借助企业工会、法律机构等外部单位出面协调，由此造成的企
业损失较大，对中资企业的声誉影响较大，是企业在日常经营中需要
极力避免的。

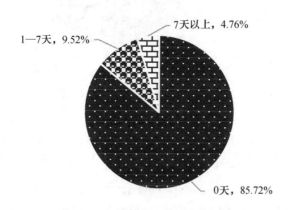

图 5 - 5　最长劳动争议的持续时间

---

　① 史尚宽：《劳动法原论》，中国台湾正大印书馆 2007 年版。

图 5 - 6 反映了中资企业经营以来发生过的影响最大的一次劳动争议事件涉及的人数，可以看到，超过七成的企业从经营至今没有经历过劳动争议（76.20%），少数劳动争议涉及的人数少于 50 人（11.90%），极少数争议涉及人数在 51—200 人之间（2.38%），还有约 4 家企业出现过 200 人以上规模的劳动争议（9.52%）。结合图 5 - 5 来看，尼泊尔中资企业的劳资纠纷虽时有发生，但纠纷的规模和纠纷解决的时间都较短，多数企业没有遇到过严重的劳资纠纷。

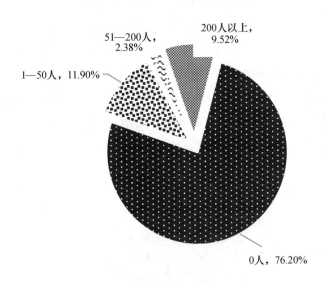

图 5 - 6　影响最大的劳动争议涉及人数

为避免图 5 - 5 和图 5 - 6 中规模较大、时间较长的劳动争议发生，需要分析产生劳动争议的原因，如表 5 - 15 所示，在尼泊尔不同的中资企业中，员工会面临不同的工作环境、薪酬标准，但在劳动争议上普遍的问题集中在工资纠纷、劳动合同纠纷、安全生产条件不满意的纠纷以及其他的问题。在工业行业中，相比服务业，工资纠纷和安全生产问题较为突出，也存在一部分其他原因导致的劳动争议。工资纠纷主要是由于企业对于当地员工的管理相对松散，对于工资增长机制、职业发展、激励和约束、加班报酬等方面的政策研究不够，管理不完善，当地员工对于新雇主的期望值都很高，一旦达不到他们的工资预期，又没有明确的增长前景时，就容易产生不平衡的情绪，进而产生劳资纠纷，特别是工资较低的一线从事劳动生产的员工。安全生产问题在于一线员工在施工现场的工作条件较差，容易产生安全问题，滋生员工的不满情绪。其他造成劳资纠纷的原因主要在于企业对当地风俗习惯不够重视，比如海外项目没有给当地员工提供合适的休假时间、劳动保护条件不够完善、祷告时间和场所安排不到位等细节问题也易诱发劳资冲突。从中可以看到，劳动者基本权益的保障是工业企业劳动关系领域最核心的问题。而在服务业行业中，产生劳动争议的一半原因来源于劳动合同纠纷，劳动合同的签订是保证用人单位与劳动者之间关系的法律约束，在涉外劳动合同中，企业对当地劳动法律环境研究不够，在聘用当地员工时，在合同中对于聘用期限、解聘、加班待遇、岗位和工资增长、合同变更等条款事先约定不够明确，或是有语言表达不严谨的地方，不规范的合同签订影响其约束性。服务业行业集中在"工资争议""契约争议"中，显示当前劳动关系日趋市场化、利益化和动态化，属于权利事项的劳动争议在当前劳动争议中占有较大的比重，这也说明市场导向的劳动力配置模式的逐渐形成致使期限较短的劳动关系逐渐成为劳动关系的主体形式，长期的、固化的劳动关系模式正逐渐被代替，劳动力流动性的提升强化了劳动关系的动态化趋势，使得基于劳动合同的终止和解除而产生的纷争迅速增加。[①]

按照是否处在经开区划分，不在经开区的企业数量较多，不同企业之间产生劳动争议的类型不同，发生频率最高的还是工资纠纷，除此之外，也有概率发生因劳动合同纠纷、不满现有的安全生产条件、其他原因引起的争议；处在经开区的企业相对数量较少，企业类型也基本为国有企业，因此在劳动合同签订时，较为严谨合法，工作环境

---

① 梁平、孔令章：《劳动争议原因类型的实证研究》，《北京科技大学学报》（社会科学版）2011 年第 27 卷第 1 期。

相对规范有序，因此不存在这两个类型的争议，但由于企业规模较大，人数众多，不可避免地会因为企业"本土化"管理不到位，特别是对"中国式"管理模式根深蒂固的国有企业，在企业治理结构、决策机制、内部部门设置、企业文化建设等方面均不能与当地有效衔接，由此引发许多其他劳动争议。[①] 按照企业是否有女性高管划分，可以看到企业最主要的争议还是集中在工资纠纷，至于其他的纠纷，主要与企业性质和企业规模有关，和女性高管的关联性不强。按照企业是否有企业工会划分，区别在于有工会的企业中工资纠纷和安全生产问题更加突出，而没有工会的企业则面临着劳动合同纠纷和其他纠纷。工会的作用在解决劳动纠纷方面并没有突出的表现，只是因为有工会的企业本身在制度规范方面表现良好，从而避免了劳动合同纠纷。

表 5 – 15　　　　　　　　企业产生劳动争议的原因　　　　　　　　（单位：%）

	工资纠纷	社会保障纠纷	劳动合同纠纷	雇佣外籍员工引发冲突	不满现有的安全生产条件	环境和资源保护力度不足	其他原因
工业	75.00	0.00	0.00	0.00	12.50	0.00	25.00
服务业	50.00	0.00	50.00	0.00	0.00	0.00	0.00
不在经开区	71.43	0.00	14.29	0.00	14.29	0.00	14.29
在尼泊尔经开区	50.00	0.00	0.00	0.00	0.00	0.00	50.00
其他	100.00	0.00	0.00	0.00	0.00	0.00	0.00
有女性高管	100.00	0.00	0.00	0.00	25.00	0.00	0.00
无女性高管	50.00	0.00	16.67	0.00	0.00	0.00	33.33
有自身工会	80.00	0.00	0.00	0.00	20.00	0.00	20.00
无自身工会	60.00	0.00	20.00	0.00	0.00	0.00	20.00

---

① 沈琴琴：《境外中资企业劳动用工现状及存在的问题》，《生产力研究》2012 年第 6 期。

以上分析了企业产生劳动争议的原因，由于争议原因不同，对企业造成的负面影响也有所差异，因此在解决途径上存在一定的区别。从表 5 - 16 可以看到，企业在近三年发生的劳动争议主要是通过当地警察协调或与行业工会谈判解决，而没有通过商会或是走法律途径进行。按照行业性质不同进行划分可以看到，有一半的工业企业解决争议的方式采用请当地警察协助解决（50%），有 1/4 的企业采取与行业工会谈判的方式（25%），这区别于国内和国际上常用的协商、调节、诉讼、仲裁等形式。尼泊尔的行业工会与党派的关系比较密切，尼泊尔主要党派都建有所属的工会组织，行业工会极少干预企业的生产运营，但不排除在特殊时期，尤其是政党选举期间出现工会干扰正常生产经营的行为。因此，企业和工会就工程施工、员工工资和权利等方面进行谈判，以期解决劳资纠纷问题。为避免与行业工会的冲突，中资企业在投资生产过程中应该及时关注尼泊尔国内政治和工会组织动态，严格按照尼泊尔劳动合同的规定进行人员招聘，并及时有效地处理工会与员工的矛盾，最大限度减少政治因素对企业正常经营带来的影响。① 因此，对于有工会组织的企业而言，凡是遇到劳动纠纷，会优先选择这种形式进行处理，而对没有工会的企业，更多只能依赖当地政府部门。值得注意的是，中资企业在解决劳工纠纷时，不会使用法律途径进行，根据尼泊尔相关法律规定，当出现劳工纠纷时，可以通过成立劳动法庭，依据个人索赔和投诉的程序进行，特殊情况下还可以通过由总经理、工人或员工、政府代表组成的三方委员会来解决。可见，到目前为止，对于没有自身工会的企业，其在解决纠纷时没有一个良好的途径，警察并非解决劳动纠纷的主体单位，因此，如何规范纠纷的解决，使得劳动人事争议工作步入正轨，是现阶段亟待解决的问题。

① 任琳:《"一带一路"投资政治风险研究之尼泊尔》，中国网（opinion. china. com. cn/opinion_54_129854. html）。

表5-16　　　　　　　　　企业近三年劳动争议的解决途径　　　　（单位：%）

	与行业工会谈判解决		当地警察协助解决		中国商会居中调停		法律途径		其他途径	
	是	否	是	否	是	否	是	否	是	否
工业	25.00	75.00	50.00	50.00	0.00	100.00	0.00	100.00	0.00	100.00
服务业	0.00	100.00	0.00	100.00	0.00	100.00	0.00	100.00	0.00	100.00
不在经开区	16.67	83.33	33.33	66.67	0.00	100.00	0.00	100.00	0.00	100.00
在尼泊尔经开区	0.00	0.00	0.00	0.00	0.00	0.00	0.00	0.00	0.00	0.00
有女性高管	33.33	66.67	66.67	33.33	0.00	100.00	0.00	100.00	0.00	100.00
无女性高管	0.00	100.00	0.00	100.00	0.00	100.00	0.00	100.00	0.00	100.00
有自身工会	100.00	0.00	100.00	0.00	0.00	100.00	0.00	100.00	0.00	100.00
无自身工会	0.00	100.00	20.00	80.00	0.00	100.00	0.00	100.00	0.00	100.00

第 六 章

尼泊尔中资企业本地化经营与
企业国际形象分析

第一节　尼泊尔中资企业本地化经营程度

表6-1反映了所调查中资企业的尼泊尔供应商和销售商更换数量情况。由表可知,在供应商方面,更换过的中资企业为13家,在所调查的企业中占据一定比例。更换供应商总数为118家,平均每个中资企业大概更换了9.08家尼泊尔供应商。调查样本的标准差为9.15,其中更换尼泊尔供应商数量最多为30家,最少1家,数据波动较大,差距明显。在受访的中资企业中,工业类型的企业,很多建筑材料和工业原材料需要从本地购买,如受访的众多水电工程公司和砖厂、家具厂等制造工业,生产所需原材料较为固定,与尼泊尔材料供应商的合作关系较为稳定,更换材料供应商的情况不多。而受访的服务类型企业,如餐馆和超市,所需原材料种类变化多,时令性强,需要及时更换材料供应商以满足生产需求。

在销售商更换方面,本次调查并未发现中资企业有销售商更换的情况。这是由所调查企业的性质所决定,在所调查的工业类企业中,分为建筑业和初级制造业,建筑业中很多企业经营方式为工程项目,无须销售。而初级制造业中,往往企业生产销售一体化,或有专门的销售机构,对尼方销售需求小或无需求。而所调查的服务业企业中,针对的大多是尼泊尔国内消费市场。销售是企业发展的关键，大型的服务业往往有专门的销售部门，而小型的服务业也负责对商品进行销售，均对专门的经销商依赖度低。

表 6-1 尼泊尔供应商、销售商更换数量 （单位：个）

	更换过的企业	更换数量	平均值	标准差	最大值	最小值
供应商	13	118	9.08	9.15	30	1
经销商	无	无	无	无	无	无

尼泊尔为内陆国家，且市场规模较小，所调查的中资企业中，大多需要从非尼泊尔国家进口原料和进行销售。根据表 6-2 的数据可知，受访的中资企业非尼泊尔材料供应商来自 25 个国家，平均每个企业有 1.61 个供应商来自尼泊尔国外，最多的国外供应商为 6 家，最少为 1 家，标准差为 1.22，数据波动较小。根据调研团队的实际调查，供应商来源国国别数量多，是缘于中资企业中大型建筑业从多个国家进行机器设备进口，国别以欧洲国家和北美为主，而其他服务业和制造业的原料进口主要集中于中国和印度。

在经销商方面，调查的样本数据频数小/波动小，来源国的国别数量仅有 2 个。根据实际走访调查和尼泊尔国情可知，经销商的来源国为中国和印度。这两国是尼泊尔仅有的两个邻国，经济往来密切，一些初级制造业，需要开拓印度市场，而一些服务业，更多的还是与中国客户合作。

表 6-2 非尼泊尔供应商、销售商来源国 （单位：个）

	来源国的国别数量	均值	标准差	最大值	最小值
供应商	25	1.61	1.22	6	1
经销商	2	1	0	1	1

表 6-3 描述了受访企业中来自中国的供应商和经销商的数量，受访的 40 多家企业中，在中国的供应商多达 290 家，经销商也有 100 家

之多。平均每个受访企业在中国国内，有约 12 家材料供应商和 50 家产品经销商。在数据极值方面，与中国供应商合作最多为 80 家，经销商合作最多为 99 家，最少均为 1 家。在数据波动方面，与中国供应商合作数量标准差为 18.21，经销商为 69.30，供应商的数据波动明显小于经销商。根据调查组实际调查可知，在尼中资企业的生产原材料和相关机器设备大量来自中国，很多企业甚至连基本的办公用品和员工生活家电都从中国进口。国内市场更是众多在尼中资企业不可或缺的重要组成部分。

表 6-3 中国的供应商、销售商数量 （单位：个）

中国的供应商、销售商数量	均值	标准差	最大值	最小值
供应商	290	12.08	18.21	80	1
经销商	100	50	69.30	99	1

经济纠纷指企业作为独立的经济组织与企业外部其他法人、公民、经济组织及社会团体发生的争议，经济纠纷会对企业的正常生产经营乃至员工的心态造成一定的负面影响。表 6-4 反映了中资企业的地理位置与经济纠纷的关联情况。位于首都加德满都的企业中，有 10.34% 的受访企业表示与供应商发生过经济纠纷，剩下约九成（89.66%）并没有发生纠纷，在与经销商的关系方面，没有任何一家受访企业表示与经销商发生过经济纠纷。位于首都以外地区的企业中，没有企业与供应商发生过经济纠纷。此次调查未涉及农村地区的中资企业。

表 6-4 城市类型与经济纠纷情况 （单位：%）

	与供应商经济纠纷		与经销商经济纠纷	
	是	否	是	否
首都城市	10.34	89.66	0.00	100.00
商业城市	0.00	100.00	0.00	0.00
非城市	0.00	0.00	0.00	0.00

　　根据表 6-5 提供的数据，在受访有女性高管的中资企业中，有 12.50% 与供应商发生过经济纠纷，其余 87.50% 并没有与供应商发生经济纠纷。而无女性高管的中资企业中，只有 5.56% 与供应商发生了经济纠纷，其余 94.44% 并没有和供应商发生经济纠纷。相比有女性高管的中资企业，无女性高管的企业发生经济纠纷的概率更小。其中，有女性高管的中资企业表示，在与供应商发生经济纠纷时，所采取的解决途径多为公司负责，而不是按商业合同来处理。目前受访的中资企业中，并没有与经销商发生过经济纠纷的情况。在某种程度上，企业高管性别与经济纠纷发生的概率具有一定关系。企业高管性别对企业的管理和企业的生产效率有着一定影响，相关研究表明，女性高层管理者较为细致，更能为员工考虑，忍耐力方面强于男性管理者，不过女性管理者较为情绪化，在决策和果断性上不如男性高层管理者。[①] 不过应该具体问题具体分析，引发经济纠纷的原因多且杂，并不是单纯的性别差异就会导致经济纠纷发生。

表 6-5　　　　　　　企业高管性别与经济纠纷解决及其途径　　　　　　（单位：%）

| | 与供应商经济纠纷 | | | | 与经销商经济纠纷 | | | |
| | 是 | 否 | 途径 | | 是 | 否 | 途径 | |
			公司负责	按商业合同			公司负责	按商业合同
有女性高管	12.50	87.50	100.00	0.00	0.00	100.00	无	无
无女性高管	5.56	94.44	0.00	0.00	0.00	100.00	无	无

　　企业工会是企业工会会员和职工合法权益的代表者和维护者，是保障企业员工合法权益的重要机构，拥有工会的企业，表示企业较为重视员工的合法权益，也是现如今企业综合竞争力的重要表现。表 6-

---

　　① 贾明琪、杜蕊：《女性董事、市场竞争强度对上市公司绩效影响》，《企业经济》2018 年第 2 期。

6 反映了尼泊尔中资企业工会与经济纠纷的分布关系。受访的中资企业中，有自身工会的企业均表示没有与供应商发生过经济纠纷，即便发生，也会采取按照商业合同进行解决。无自身工会的受访企业中，88% 的企业并没有与供应商发生经济纠纷，但有 12% 的企业表示与供应商发生过经济纠纷。由数据可知，中资企业是否拥有自身工会，与经济纠纷发生的概率有一定的相关性，没有工会的中资企业往往更容易与供应商发生经济纠纷。企业拥有工会组织，可以更好地保障员工的合法权益，这既能提高企业的生产效率，又能增强员工的忠诚度，进而转化为经济效益，不断增强企业竞争力。

表6-6　　　　　　企业工会、全国工会与经济纠纷解决及其途径　　　（单位：%）

| | 与供应商经济纠纷 | | | | 与经销商经济纠纷 | | | |
| | 是 | 否 | 途径 | | 是 | 否 | 途径 | |
			公司负责	按商业合同			公司负责	按商业合同
有自身工会	0.00	100.00	0.00	100.00	0.00	100.00	无	无
无自身工会	12.00	88.00	0.00	0.00	0.00	100.00	无	无

中资企业进入尼泊尔虽然时间不长，但已逐渐发展壮大。加强合资企业本土化，既有利于国外企业生产出来的产品，更好地满足本土消费者的需求，也有利于为国外企业跨国经营和海外派遣节省费用。这样一来，除了融合当地社会文化，在一定程度上有效避免当地社会对外来资本的抵触，更保证了东道国的经济安全、就业刺激、管理变革以及国际接轨的加速。①

表6-7 反映了中资企业供销商本地化的程度。受访企业中，来自尼泊尔的供应商数量均值为 8.90，销售商数量均值为 6.68，来自尼泊

① Huihui Li, "Research on Localization of Japanese Enterprises in China Centered on the Localization of Talents", paper delivered to the 3rd International Conference on Culture, Education and Economic Development of Modern Society, 2019.

尔供销商最大值为99，销售商为50，尼泊尔供销商样本数据标准差为21.26，供销商数据标准差为15.58，在样本数据的平均值、极值和数据波动方面，尼泊尔供应商都高于销售商。在非尼泊尔供销商合作数量方面，非尼泊尔供应商数量约为10家，销售商约为6家。标准差方面，非尼泊尔供应商为19.82，销售商为24，非尼泊尔供应商最大值为90，销售商最大值为99。根据上述数据，在中资企业合作的供应商方面，非尼泊尔供应商数量高于尼泊尔供应商，且数据更为集中，差距更小。在经销商方面，合作的尼泊尔经销商平均值高于非尼泊尔经销商，数据波动更小。这证明目前中资企业在尼泊尔合作的供应商更多是来自非尼泊尔国家，而在销售方面，更多地依赖于尼泊尔的销售商。总体来说，尼泊尔中资企业在销售方面的本土化程度更高。

表 6 - 7 　　　　　　　　　　　**中资企业供销商本地化程度**

		数量均值	标准差	最大值	最小值
尼泊尔	供应商	8.90	21.26	99	0
	销售商	6.68	15.58	50	0
非尼泊尔	供应商	9.79	19.82	90	0
	销售商	5.88	24.00	99	0

图 6 - 1 是受访中资企业合作供应商数量百分比分布图。没有与尼泊尔供应商合作的中资企业占35.71%，合作数量在1—10家的企业占比近半（49.98%），14.28%的受访企业合作的尼泊尔供应商超过10家。与非尼泊尔供应商合作情况来看，四成多的受访企业并没有与非尼泊尔供应商进行合作（40.48%），38.09%的企业合作的非尼泊尔供应商数量在1—10家之间，21.43%的企业有10家以上的非尼泊尔供应商。根据调研组实地调查的情况，受访的一些大型工程建筑企业并不需要从尼泊尔或从国外进口原材料，一些与初级制造业合作的原材料供应商较为集中且稳定，但一些针对中国游客的零售业和服务行业则需时常变换材料供应商。

　　在与供应商合作数量为 0 的数据分组中，受访中资企业对非尼泊尔供应商的依赖程度更低，在 1—10 数据分组中，尼泊尔供应商明显高于非尼泊尔供应商，10 以上的数据则恰恰相反，说明中资企业对尼泊尔供应商的依赖程度数量较少且更为集中。

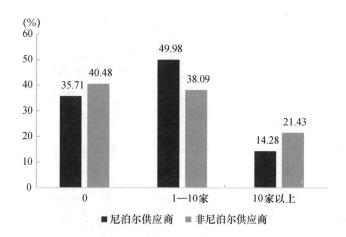

图 6-1　供应商数量百分比分布

　　图 6-2 反映了受访中资企业合作销售商数量分布情况，68.42% 的受访企业并没有和尼泊尔销售商进行合作，21.04% 的企业合作尼泊尔销售商数量在 1—10 家之间，超过 10 家以上的仅占 10.53%。88.24% 的受访企业并没有与非尼泊尔销售商展开合作，与非尼泊尔销售商合作企业数量在 1—10 家和 10 家以上的占比均为 5.88%。与图 6-1 供应商的情况不同，大部分受访企业不依赖销售商，受访企业中大型工程建筑业和产销一体的制造业服务业居多数，并不需要与专门的销售商进行合作。在与销售商进行合作的受访企业中，则更多依赖尼泊尔的销售商，且合作数量不多，大多不超过 10 家。

　　根据图 6-3 可观察受访企业与尼泊尔供销商合作时间情况，超过四成的供应商和一半的经销商合作时间少于 3 年，34.61% 的供应商和 16.67% 的经销商合作时间从 2011—2015 年开始，15.39% 的供应商和

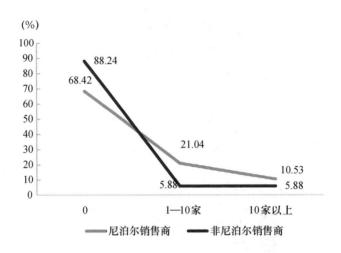

图6-2 尼泊尔及非尼泊尔销售商数量的百分比

16.67%的经销商合作时间从2006—2010年开始，3.85%的供应商和16.67%的经销商合作时间早于2005年。受访企业和供销商合作的时间普遍较短，并随着合作时间的递增，受访企业的占比越低，供应商的这种变化更为明显。约有一半的受访企业与供销商的合作时间少于3年，这与受访企业的性质有关，此次调查中，很多建筑企业和水电企业在尼泊尔的经营活动，以项目工期为限，并不会在尼泊尔停留太长时间，而一些服务业和制造业进入尼泊尔的时日尚短，正处于企业的成长期或扩张期。当然，此次调查的企业中，也不乏一些在尼泊尔经营十多年甚至数十年的中资企业，企业主历经沧桑，在这片土地上洒下了无数的汗水，无数个奋斗的故事感染着调查小组每一位组员，而这些感人故事也是见证中尼友谊源远流长最好的象征。

固定资产是指企业为生产产品、提供劳务、出租或者经营管理而持有的，使用时间超过12个月的，价值达到一定标准的非货币性资产，包括房屋、建筑物、机器、机械、运输工具以及其他与生产经营活动有关的设备、器具、工具等。固定资产是企业的劳动手段，也是企业赖以生产经营的主要资产。中国作为尼泊尔北部唯一的陆上邻国，是尼泊尔外资企业固定资产的重要来源国。

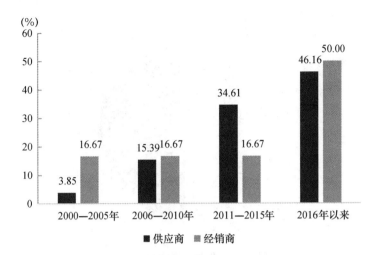

图6-3　与尼泊尔供销商合作开始时间

　　根据图6-4数据，1/3的受访企业表示并没有新增固定资产，来自中国和非尼泊尔国家的企业占19.05%，14.29%的企业固定资产来源只有中国，11.90%表示来自中国、尼泊尔和其他国家的均有，9.52%的企业表示来源于中国和尼泊尔，7.14%的企业来源于非中国非尼泊尔的其他国家，只来自尼泊尔的企业占比为2.38%。从中国购买固定资产的总占比高达54.76%，超过一半，从尼泊尔购买固定资产的总占比为14.28%，从其他国家购买固定资产的总占比为40.47%。这表示，中国依然是尼泊尔中资企业固定资产最主要的来源国，而对尼泊尔本国固定资产的购买率较低，结合调查情况，尼泊尔所购买的固定资产更多地集中于企业用地、办公场所和员工宿舍用地，企业生产所需的机器设备和运输工具大多来源于中国和其他国家。

　　中资企业中尼泊尔员工所占比例也是衡量企业本土化的重要指标。表6-8展示了受访企业中不同条件下尼泊尔员工占比的分布情况，在所调查的企业中，平均每家企业尼泊尔员工占比为72.12%，占比最多的高达97%，最少的为14.29%，极值有显著差距，样本数据标准差为18.90，数据波动明显。此次调查中，受访的所有企业都

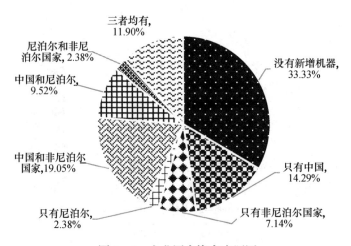

图 6-4 企业固定资产来源国

雇佣了尼泊尔员工，随着企业性质的不同，尼泊尔员工的数量和分工有所差异，不过尼泊尔员工是中资企业正常经营运转不可或缺的一部分，如何处理好与尼泊尔员工之间的关系是每个中资企业主不得不考虑的问题。

从企业的员工职位层次来看，在中高层管理中尼泊尔员工占比为3.61%，最大值为28%。标准差为6.75，数据波动较小，这说明尼泊尔员工在中高管理层中比例较小在中资企业是较为普遍的现象。企业的中高管理者往往把握了企业的命脉，决定着企业的发展方向。目前受访的中资企业中，国营性质和个体合资经营较多，来自尼泊尔和其他国家股份较少，所以，受访企业的中高层管理员工大多数为中国人。

在技术人员和设计人员中，尼泊尔员工平均占比为13.07%，最大值为66.67%，标准差22.06。相比管理层，技术岗位和设计岗位中的尼泊尔人更多。此次调查中众多的大型水电企业技术岗位多为中国员工，不过，在一些服务行业和制造业中，尼泊尔员工在技术和设计岗位占比高达2/3，成为企业技术层面的主要力量。

在非生产员工中，尼泊尔员工平均占比为16.48%，最大值为

80%，标准差21.45。按照相关规定并结合各行特点，企业中非生产人员指的是管理人员（非高层）和服务人员，相比企业其他员工，非生产员工接触当地社会的机会更多，对熟悉当地社会环境和规则的本地员工需求较大，结合调查的实际情况，受访企业中，厨师、会计、保洁和司机大多为尼泊尔人，他们熟悉行业的规则并拥有相关技能，在中资企业中更能发挥出他们的优势。

在一线员工或生产员工中，尼泊尔员工平均占比为31.98%，最大值为90.91%。这是尼泊尔员工占比最大的一部分，不过标准差为33.90，数据波动很大，各企业有着不同的情况。在此次的调查中，很多中国员工也是企业一线员工的重要组成部分，他们掌握熟练的工作技能，也能更好地与企业主和管理层进行交流和沟通。随着生产技术的发展和生产率的不断提升，一线员工或生产员工并不意味着简单的体力劳动，很多企业最基础的生产和经营对相关技术技巧也有着较高的要求，而培训员工所带来的时间成本和经济成本也是企业主不得不考虑的问题。

从员工的受教育程度来看，受过初等教育及以下的尼泊尔员工占比均值为20.86%，受过中等教育的尼泊尔员工占比均值为38.34%，大学本科及以上的尼泊尔员工占比均值为34.72%。在数据标准差方面，受过中等教育尼方员工的数据波动最大（42.74%），其次为大学本科及以上的尼方员工（41.21%），初等教育及以下样本标准差为32.40%，不过这三组标准差过大，证明各企业具体情况差异较大，数据并不趋同。其中，受过中等教育的尼泊尔员工所占比例最大。令人欣喜的是，大学本科及以上的尼泊尔员工占比超过了初等教育及以下，证明所调查的中资企业雇佣的尼方员工中，高学历员工数量上已经超过了低学历员工。根据实际调查情况来看，位于城市郊区的制造业和建筑业对尼方员工的教育水平大多没有要求，而从事餐饮业等服务业则要求尼方员工至少受过中等教育，在航空业和很多企业的管理层均要求尼方员工教育水平为本科及以上。这样的情况与尼泊尔国内教育发展息息相关，2016 年尼泊尔的受教育率为 65.94%，[①] 虽然教育普及率仍有待提升，不过较为稳定的教育制度让尼泊尔的文盲率逐年下降，2017 年的文盲率降至 24.08%。[②] 随着尼泊尔国内高等教育的发展和教育对外交流的深入，尼泊尔涌现出一批受过高等教育的人才，这让尼泊尔国内受教育群体结构正在不断完善，这也正好满足了中资企业对不同教育水平的员工需求。

表6-8　　　　　　　　不同条件下的尼泊尔员工占总体的比例　　　　（单位：%）

	均值	标准差	最大值	最小值
尼泊尔员工占比	72.12	18.90	97.00	14.29
中高层管理员工中的尼泊尔员工占员工总人数的比例	3.61	6.75	28.00	0.00
技术人员和设计人员中的尼泊尔员工占员工总人数的比例	13.07	22.06	66.67	0.00
非生产员工中的尼泊尔员工占员工总人数的比例	16.48	21.45	80.00	0.00
一线员工或生产员工中的尼泊尔员工占员工总人数的比例	31.98	33.90	90.91	0.00
初等教育及以下的尼泊尔员工占员工总人数的比例	20.86	32.40	99.00	0.00
中等教育的尼泊尔员工占员工总人数的比例	38.34	42.74	125.88	0.00
大学本科及以上的尼泊尔员工占员工总人数的比例	34.72	41.21	104.00	0.00

综上，受访中资企业在尼泊尔的本地化经营程度并不高，表现为受访企业对尼泊尔的经销商依赖程度低，购买来自尼泊尔的固定资产比例也较低，雇佣的尼泊尔员工虽然数量多，在员工中占据重要比例，但是多数为企业生产经营的基础岗位。一般来说，本地化程度越高，外资与当地的经济联系就越强。目前，进入尼泊尔的中资企业，大多处于成长阶段，还需要继续探索和发现，结合尼泊尔国情调整企

[①] 中华人民共和国驻尼泊尔大使馆：《尼泊尔国家概况》，https：//www.fmprc.gov.cn/web/gjhdq_676201/gj_676203/yz_676205/。

[②] 世界教科文组织：《2017 全球教育检测报告》，https：//en.unesco.org/。

业生产经营战略。从员工角度来看，中尼员工之间应该跨过心理障碍，理解彼此的宗教文化，形成共同的心理认识，当然这还需要时间的积累。持续提高中资企业的本地化经营程度，有助于调动更多的生产元素，增强中尼之间的经济联系，促使中尼两国人民共同受益、共同进步。

第二节　尼泊尔中资企业社会责任履行程度

企业社会责任是指企业在创造利润、对股东和员工承担法律责任的同时，还要承担对消费者、社区和环境的责任，企业的社会责任要求企业必须超越把利润作为唯一的目标的传统理念，强调要在生产过程中对人的价值的关注，强调对环境、消费者和社会的贡献。企业具有双重责任，在获得经济效益的同时应该对社会承担起相应的责任，为社会贡献出自己的力量。如今，积极履行企业的社会责任已经成为企业综合竞争力的重要部分。在"一带一路"倡议的引导下，越来越多的中国企业选择走向世界各地，它们不仅代表企业自身，还代表了中国。不断提升广大中资企业社会责任履行度，既能树立良好企业形象，增强企业竞争力，又能谋求共赢，造福于各国人民。

图6-5展示了受访企业在尼各项社会责任的履行分布情况，各企业履行社会责任的方式不同，不过对尼采取教育援助（44.83%）、实物形式的公益慈善（37.93%）、完善社会服务设施（34.48%）和直接捐钱（31.01%）的方式的受访企业均超过三成。超过二成的企业会选择援助尼泊尔基础设施（24.14%）和文化体育设施（24.14%）、开展文化交流活动（20.69%）来贡献尼泊尔社会。而选择培训项目（13.79%）、卫生援助（10.34%）和水利设施（6.90%）等方式的企业较少。对尼进行教育援助的中资企业占比最高，教育的普及对一个国家的整体发展有着举足轻重的作用，也是消灭贫困的重要手段，中

资企业对尼泊尔教育的重视，既让越来越多的尼泊尔孩子有学上，也为中尼学术交流培养了一大批人才。而直接捐钱捐物也成为中资企业进行社会援助的重要手段，特别是在地质灾害频发的尼泊尔，相关资金和物品的及时补充，能够缓解灾情，帮助尼泊尔人民重建家园。不论采取哪种方式，都会对尼泊尔社会带来积极影响，有助于深化两国人民的友谊。

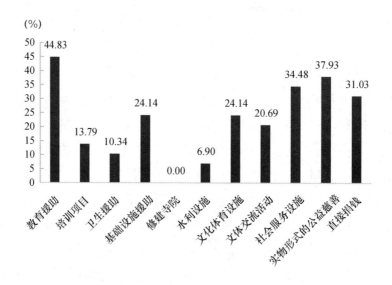

图 6 - 5 企业履行各项社会责任的情况

表 6 - 9 是各类企业履行社会责任的情况。按照是否参与国际标准化制定来划分，参与了国际标准化制定的企业都没有专门的社会责任办公室或主管，而没有参加的企业却有 35.71% 设有专门负责社会责任的员工或机构。在规章制度方面，参与了国际标准化制定的企业均未在企业内建立社会责任的规章制度和行为准则，但没有参加的企业有 21.43% 制定了相关规则。在公益计划方面，14.29% 的没参与国际标准化制定的受访企业将年度公益计划纳入公司的年度计划中，而参加的企业表示没有制订相关计划。

表 6-9　　　　　　　不同类型企业履行社会责任的情况　　　　　（单位：%）

	设置专门社会责任办公室或相应主管		建立了社会责任、企业公益行为准则的规章制度		是否在公司年度计划中制订年度公益计划		2016—2018 年企业社会责任支出变化	
	是	否	是	否	是	否	不变	增加
参与国际标准化制定	0.00	100.00	0.00	100.00	0.00	100.00	0.00	0.00
没有参与国际标准化制定	35.71	64.29	21.43	78.57	14.29	85.71	0.00	100.00
工业	31.58	68.42	21.05	78.95	15.79	84.21	0.00	100.00
服务业	4.35	95.65	4.35	95.65	21.74	78.26	0.00	100.00
不在经开区	19.44	80.56	11.11	88.89	22.22	77.78	0.00	100.00
在经济开发区	0.00	100.00	25.00	75.00	0.00	100.00	0.00	100.00
其他	0.00	100.00	0.00	100.00	0.00	100.00	0.00	100.00
有自身工会	44.44	55.56	33.33	66.67	11.11	88.89	0.00	100.00
无自身工会	9.09	90.91	6.06	93.94	21.21	78.79	0.00	100.00

按照企业生产类型划分，在受访的工业企业中，有 31.58% 设立了专门的社会责任办公室或有相应主管，而服务业企业中，只有 4.35%。在社会责任规章制度方面，21.05% 的工业企业建立了相关的规章制度，而服务业的占比只有 4.35%。在公益计划方面，15.79% 的工业企业在年度计划中增设了公益部分，但服务业企业占比为 21.74%，明显高于工业企业。

按照企业是否位于经开区来划分，在社会责任管理机构方面，有 19.44% 不在经济开发区的受访企业建立了相关机构或设有管理人员，不过，位于经济开发区的受访企业均没有相关机构或管理人员。在社会责任规章制度方面，位于经开区的企业所占比例为 25%，而未在经开区的比例只有 11.11%。在公益计划方面，22.22% 的未在经开区企业制订了年度公益计划，而在经开区的受访企业均未制订。

按照有无自身工会来划分，在社会责任管理机构方面，44.44% 有工会的受访企业建立了相关机构或设有管理人员，无自身工会的占比为9.09%。在社会责任规章制度方面，有工会的受访企业所占比例为33.33%，无工会的比例只有6.06%。在公益计划方面，11.11%有工会企业制订了年度公益计划，无工会的比例为21.21%。

在近三年的社会责任支出方面，受访的企业均表示支出呈上涨趋势。

综合以上数据并结合实际调研情况，受访大型国企往往会采取直接捐钱捐物的方式履行社会责任，其中在尼泊尔的众多商会组织发挥了重要作用。在企业公益的建立机构管理和行为准则分布情况上，工业比服务业更为普遍，但是服务业比工业更青睐于制订年度公益计划。此次实地调查，受访的工业企业往往规模大，机构复杂，分工明确，与商会的往来更为密切，而受访的服务业企业多为个体户和合资企业，规模小、机构设置相对简单，由于服务业更易受到市场变化的影响，在制订企业发展计划中，往往考虑得更为细致和全面。未在经开区的受访企业除了制定公益规章制度以外，其他方面比在经开区的企业做得更为规范。而拥有自身工会的中资企业在公益管理和公益制度上普及度更高。

客观而言，受访的中资企业在社会责任履行的规范程度上做得还不够，企业虽然投入了不少资金来履行社会责任，但是重视程度不够，方式还不够规范，考虑得还不够具体，这也影响了公益活动的执行效果，降低了公益资金的利用率。不过在中资企业中，社会责任意识已经深入人心，相信在不远的将来，越来越多的中资企业会更为细致、更为规范、更为高效地履行社会责任。

企业员工福利是员工激励形式的一种，属于物质性激励方面的内容。企业给予员工合理的福利待遇可以很好地起到提高员工工作的积极性，团结员工的凝聚力，提升企业的竞争力的作用。尽管企业提供高薪是吸引人才的一个重要手段，但良好的福利待遇更是吸引人才和留住人才的一个关键。表6-10反映了各类企业福利待遇的比较情况。

按照是否参与国际标准化制定来划分，参与了国际标准化制定的受访企业基本都存在加班现象（100%），没有参加国际标准化制定的企业在为员工提供工作餐（78.57%）、住宿（85.71%）和文化活动场所（57.14%）方面上均高于参与了的企业。

按照企业生产类型划分，84.21%的工业企业表示有加班现象，而服务业企业只有54.55%。在其他福利方面，工业的福利待遇要优于服务业，78.95%的工业企业有员工食堂或午餐安排，84.21%的设有员工宿舍，52.63%的有专门的文体活动中心。在住宿和文体活动方面，服务业的占比明显低于工业。值得注意的是，仅有18.18%的服务业企业为员工提供文体活动场所。

按企业是否位于经开区来划分，位于经开区的中资企业均表示有加班情况，而不在经济开发区的企业有三成多没有加班情况。在工作餐安排上，位于经开区的企业情况（75%）好于未在经开区企业（69.44%）和其他企业（50%）。在员工住宿方面，58.33%的不在经开区企业为员工安排了住宿，而经开区受访企业刚刚过半。在文体活动中心方面，一半的经开区企业设有专门场所，比例高于未在经开区企业（31.43%）。

按照有无自身工会来划分，有工会的受访企业加班情况更为普遍（77.78%），但加班期间对员工都有食宿安排。相较之下，没有自身工会的受访企业虽然加班情况较少（65.63%），但是员工食宿福利方面普及度明显低于有工会的企业，其中给员工提供住宿的比例甚至低于50%（48.48%）。在员工文体活动上，有工会的受访企业所占比例为77.78%，无工会的比例只有21.88%。

综上，在受访企业中，大型工业企业的福利待遇优于小型服务业企业。大型工业一般资金雄厚，管理经验丰富，并且有工会组织进行监督，但是大多工业企业远离市中心，员工难以独自解决吃住问题，需要企业集中提供食堂和宿舍。而在资金方面，小型服务企业对员工提供福利能力有限，并且服务业集中分布于城市商业区域，交通较为便利，方便本地员工上下班，往往对额外食宿安排需求也不大。从数据来看，受访企业加班情况很普遍，据受访企业主表示，尼泊尔的雨季对企业的正常生产经营会产生巨大影响，"赶工期"现象在雨季来临前几个月十分普遍，而雨季也会造成游客数量急剧下降，影响到服务业的经营，而且尼泊尔频发的地质灾害也是影响企业经济活动的重要原因。其他方面，受访的中资企业对员工提供的食宿福利普及度很高，均在50%及以上，但是在员工文体活动上，各类型企业有着明显的差距，有待改善。

表6-10　　　　　　　　　　企业员工福利待遇比较　　　　　　（单位：%）

	是否有加班		是否有员工食堂或午餐安排		是否提供员工宿舍		是否有员工文体活动中心	
	是	否	是	否	是	否	是	否
参与国际标准化制定	100.00	0.00	50.00	50.00	50.00	50.00	50.00	50.00
没有参与国际标准化制定	85.71	14.29	78.57	21.43	85.71	14.29	57.14	42.86
工业	84.21	15.79	78.95	21.05	84.21	15.79	52.63	47.37
服务业	54.55	45.45	60.87	39.13	39.13	60.87	18.18	81.82
不在经开区	65.71	34.29	69.44	30.56	58.33	41.67	31.43	68.57
在经济开发区	100.00	0.00	75.00	25.00	50.00	50.00	50.00	50.00
其他	50.00	50.00	50.00	50.00	100.00	0.00	50.00	50.00
有自身工会	77.78	22.22	100.00	0.00	100.00	0.00	77.78	22.22
无自身工会	65.63	34.38	60.61	39.39	48.48	51.52	21.88	78.13

中尼两国饮食差异较大，企业主与尼泊尔员工聚餐，既可加深彼此了解和沟通，也可增强企业凝聚力。表6-11反映了各类企业与尼泊尔员工聚餐情况比较，参与了国际标准化制定的受访企业（100%）与尼员工聚餐现象更为普遍；在企业生产类型上，服务业聚餐比例（100%）大于工业（89.47%）；从企业所处位置来看，位于经开区的受访企业（100%）更加愿意与尼方员工聚餐；从企业有无工会来看，没有企业自身工会的企业聚餐现象（96.97%）更为普遍。

从总体数值来看，受访的企业绝大多数有与尼泊尔员工聚餐的情况，中尼两国员工共同聚餐已成为彼此加强了解、增进感情的重要方式。结合调查期间观察到的情况，在很多生产车间和施工工地，企业主都会安排尼泊尔厨师为大家准备饭菜，很多中国员工也习惯了尼泊尔的饮食习惯，在受访的饭店中，很多尼泊尔服务员和厨师也会使用筷子吃饭。很多企业主表示，即使平时中尼员工是分开用餐的，但是到中国和尼泊尔的传统节日，两国员工都会在一起吃饭，并举办各种各样的互动活动来庆祝节日。

表 6 - 11　　　　　　　　企业与尼泊尔员工聚餐情况比较　　　　（单位：%）

	与尼泊尔员工聚餐	未与尼泊尔员工聚餐
参与国际标准化制定	100.00	0.00
没有参与国际标准化制定	85.71	14.29
工业	89.47	10.53
服务业	100.00	0.00
不在经开区	94.44	5.56
在经济开发区	100.00	0.00
其他	100.00	0.00
有自身工会	88.89	11.11
无自身工会	96.97	3.03

企业对社会责任进行海外宣传是树立企业形象、增强企业吸引力的重要方式，表 6 - 12 展示了受访各类企业社会责任海外宣传比较情况。其中，没有参与国际标准化制定的受访企业社会责任对外宣传更为普遍（78.57%）；在企业生产类型上，工业企业更加愿意对其所履行的社会责任进行海外宣传（73.68%）；从企业所处位置来看，位于经开区的受访企业宣传比例高于未在经开区企业和其他企业（75%）；从企业有无工会来看，有企业自身工会的企业社会责任宣传现象更为普遍（88.89%）。

根据上述数据，各类受访企业之间社会责任海外宣传的情况差异明显，服务业和无自身工会的受访企业在社会责任方面普及率不高，这与整体抽样情况有一定关系。样本覆盖的一些小型服务企业，如饭店、酒店、旅行社等，它们机构简单，竞争压力较大，受旅游市场和季节变化的影响，在履行社会责任的同时，往往缺少时间和精力进行宣传，也难以再支付高昂的海外宣传费用。而受访的大型国企，它们资金雄厚，多数有着专门的宣传机构，国内的母公司也会提供强有力的支持，规范其海外宣传的形式和内容。

表 6 - 12   不同类型企业对社会责任的海外宣传比较   （单位：%）

	对企业社会责任进行海外宣传	对企业社会责任未进行海外宣传
参与国际标准化制定	50.00	50.00
没有参与国际标准化制定	78.57	21.43
工业	73.68	26.32
服务业	36.36	63.64
不在经开区	51.43	48.57
在经济开发区	75.00	25.00
其他	50.00	50.00
有自身工会	88.89	11.11
无自身工会	43.75	56.25

调查问卷还问到中资企业关于世界各国企业在尼泊尔履行社会责任的认知与评价问题。根据图 6 - 6 的数据可以看到，中资企业普遍认为中国企业的履行社会责任效果最好（7.80），其次是日本企业（6.11）、美国企业（5.44）和英国企业（5.17），其他国家均在 5 分以下，其中印度企业的履行效果只有 4.79 分，位居倒数第 4。受访企业主表示，虽然中国企业进入尼泊尔的时间不长，但是产生了较大的社会影响力，很多中资企业对尼泊尔的教育、卫生和基础设施等都有着强有力的扶持，一些企业和在尼泊尔的工程带有援助性质，这对尼泊尔灾后重建和社会经济发展起了很积极的作用，获得尼泊尔人民的支持和赞誉。而日本和美国企业进入尼泊尔的历史较长，也履行了很多的社会责任，在尼泊尔人民心里有一定的威望。尼泊尔为内陆国家，与很多欧洲国家的经济往来关系并不密切，尼泊尔现存的英国、法国、

德国和俄罗斯的企业很少，所参与的社会公益活动也很少，带给尼泊尔人民的印象较浅。印度企业在尼投资较多，但企业履行社会责任的意识和行动还不强。

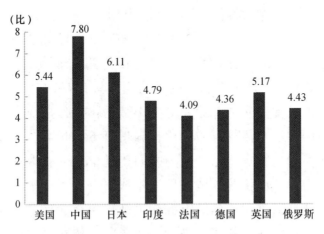

图6-6　各国企业社会责任履行效果对比

综上所述，我国企业对自身社会责任的履行情况评价很高，自认为得到了尼泊尔人民的认可，有较好的社会影响力。但实际上，中资企业在尼履行社会责任还任重道远，存在较大的上升空间。企业积极履行社会责任是造福两国人民的事，也是加强中尼经济联系和增进中尼人民友谊的催化剂。相信随着中资企业社会责任感的加强，未来可以在这方面有更加积极的作为。

第三节　尼泊尔中资企业形象传播及尼泊尔认可度分析

企业形象是指人们通过企业的各种标志，而建立起来的对企业的总体印象，是企业文化建设的核心。在"一带一路"倡议的指引下，越来越多的中国企业走向海外，拓展国际市场。中国企业的海外形象，事关"一带一路"建设大局，已成为中国国家形象的重要组成部分和国际社会认识中国、了解中国的重要窗口。

图6-7展示了受访企业采取形象宣传手段的情况，其中，使用微信进行企业形象宣传是受访企业最为青睐的选择方式，占比高达52.38%。其次是尼泊尔本地媒体（47.62%）和在尼华人媒体（45.24%），选择通过推特或脸书进行宣传的企业只有26.19%，而不进行企业宣传、"只做不说"的受访企业只有19.05%。

微信宣传最受企业主青睐，得益于微信作为传播媒介在全球范围影响力日益增大，与传统媒体相比，微信有着容量高、受众广、灵活智能、操作简单的特点，已经成为人们传递信息、获取信息不可缺少的重要伙伴之一。而传统媒体在尼泊尔依旧有着重要影响力，很多受访企业也会选择通过尼泊尔的电视和报纸传递企业信息。不过结合实际受访情况，选择使用新媒体进行企业形象宣传在尼中资企业中已经是大势所趋，而且选择方式逐渐多样化、现代化、高效化。

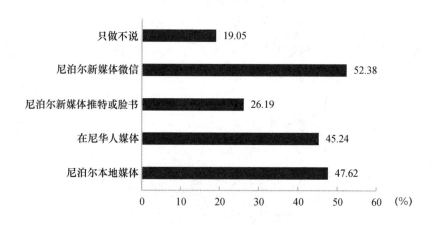

图6-7 企业形象宣传手段对比

图6-8反映了受访企业社交媒体公众账号数量的情况。51.22%

的受访企业没有专门的社交媒体公众账号，而48.78%的受访企业有
1—6个专门的社交媒体公众账号进行企业宣传。调研样本覆盖企业
类型众多，受访的大型国企在企业宣传方面投入多，有着较为规范的
宣传方式，大多受国内母公司的积极支持。而受访的小型个体户宣传
资金少，他们往往会利用尼泊尔传统媒体和游客的口碑进行对外宣
传，对新媒体的依赖度较低。

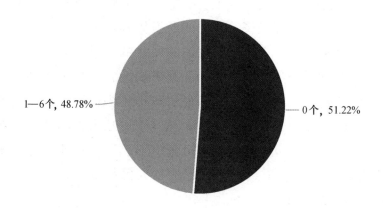

图6-8　企业拥有社交媒体公众账号数量比较

表6-13展示了各类企业产品在尼认可度对比情况。按照注册时
间长短来划分，注册时间超过5年的受访企业产品认可度均值为
7.81，低于5年的为8.55，在数值的标准差方面，超过5年的企业数
据（1.74）波动大于低于5年的（1.28），在极值方面，超过5年的
最小值为3，低于5年的为6，最大值均为10。按照是否参与国际标
准化制定来划分，没有参与国际标准化制定的受访企业（8.71）在
认可度均值更高，参加国际标准化制定的企业数据波动（2.12）更
大，在极值的差距上更小。按照企业生产类型划分，工业企业的认可
度均值为8.74，服务业企业只有7.70，差距明显。在数据波动上工
业大于服务业。最小值服务业为5，工业为3。按照企业是否位于经
开区来划分，位于经开区的企业产品认可度更高（9），而不在经开

区的企业认可度（8.08）略高于其他企业（8）。数据标准差不在经开区最高（1.63），在经开区数据波动最小（0.82）。在极值方面，在经开区企业的最小值为8，其他企业为7，而不在经开区仅为3。按照有无自身工会来划分，相比于无自身工会的企业，有工会的产品认可度（9.56）更高，数据更为集中（0.73），最小值更高（8）。

在此次调查中，一些大型企业入驻尼泊尔的时间较短，它们的机构更为完善，生产运营更为规范。目前，它们在尼进行的众多大型基建工程项目，能在发挥经济效益的同时发挥其社会效益，对尼泊尔社会发展产生有利影响，更能受到尼泊尔民众的赞誉。而在尼注册时间较长的企业中有很多是较为小规模的服务业，它们集中于城市商业中心，同质化较强，竞争激烈，更多地服务于中国游客，在产品或服务的认可度上就略低于大型水电建筑企业。不过从数据的数值来看，受访中资企业的产品认可度均值都在7分以上，很多企业在尼泊尔已经形成了"品牌效应"，得到了广大尼泊尔人民的认可，这是众多中资企业员工一起奋斗的结果。

表 6-13　　　　　　　　企业产品在尼泊尔的认可度对比

	均值	标准差	最大值	最小值
注册超过5年	7.81	1.74	10	3
注册低于5年	8.55	1.28	10	6
参与国际标准化制定	7.50	2.12	9	6
没有参与国际标准化制定	8.71	1.90	10	3
工业	8.74	1.79	10	3
服务业	7.70	1.18	10	5
不在经开区	8.08	1.63	10	3
在经济开发区	9	0.82	10	8
其他	8	1.41	9	7
有自身工会	9.56	0.73	10	8
无自身工会	7.79	1.52	10	3

表 6 - 14 是中资企业管理层对世界主要国家在尼形象的打分情况，从样本的均值来看，以 10 分为满分，中国的国家形象最高，为 8.29，明显高于其他国家。6 分以上的国家是日本（6.74）和美国（6.66），英国、德国、法国次之，印度最低，仅为 5.23。从数据的波动情况来看，印度的数据波动最大（2.33），日本和美国的标准差次之，中国的数据波动最小，数据更为集中。在极值方面，最大值均为 8 以上，最小值除中国为 4 以外，其余国家均为 1。

以上数据表明，受访中资企业主认为，中国的国家形象最好，并已成为较为广泛的认识，其次为日本和美国，印度的国家形象最差。根据一些受访者表示，中国企业讲究团结，提倡和气，乐于奉献，深受尼泊尔人民的赞赏，在尼泊尔大地震后，中国政府对尼泊尔及时进行了救援，并对尼泊尔的灾后重建提供了大力支持，这些都深深地烙在尼泊尔人民的心里。而日本企业和美国企业注重发挥"品牌"的力量，在尼泊尔也有着较高的人气。在谈及对印评价时，受访者之间有较大的分歧，尼泊尔在文化上深受印度的影响，人民有着共同的宗教信仰和生活习俗，很多尼泊尔的印度教徒深爱着印度这一国家，但由于印度长期试图干预尼泊尔的内政，一些尼泊尔民众心中产生了"反印"情绪。

表 6 - 14　　　　　　　　　国家形象打分对比

	均值	标准差	最大值	最小值
美国	6.66	2.17	10	1
中国	8.29	1.40	10	4
日本	6.74	2.19	10	1
印度	5.23	2.33	10	1
法国	5.63	1.81	8	1
德国	5.67	1.66	8	1
英国	5.92	1.96	9	1

图6-9反映了当地居民对于中资企业在尼投资的态度，57.15%的受访企业主认为该企业很受民众欢迎，28.57%表示比较欢迎，11.90%表示无所谓，只有2.38%受访者认为民众不欢迎该企业对尼的投资。85.72%的企业主认为自己的企业得到了尼泊尔民众的正面评价。这一方面说明，中资企业在尼泊尔社会带来了积极影响，在推动中尼关系发展上发挥了越来越重要的作用；另一方面也反映出在尼中资企业的文化自信。

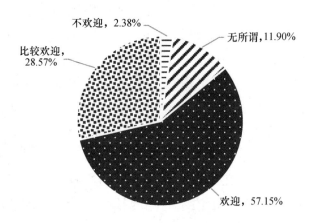

图6-9 当地居民对于中资公司在尼泊尔投资的态度

第四节 尼泊尔中资企业的公共外交分析

随着中国综合国力的显著增长和国际影响力的明显提升，尤其是"一带一路"倡议的实施，中国企业"走出去"的步伐明显加快，程度不断加深。党的十八大报告明确提出"扎实推进公共和人文外交，维护我国海外合法权益"，中国企业公共外交意识逐渐加强。目前，一些较为成熟的企业已经具备明确的公共外交意识，企业公共外交进入自觉期和活跃期。中国企业公共外交的新动向，彰显了中国企业实力的不断增长、中国企业国际经营管理能力的逐渐成熟和中国综合国力的显著提升。[①]

表 6 - 15 描述了受访企业与尼泊尔同类企业的高层管理者的往来
情况。从企业的生产类型来看，工业企业没有与同类高管往来的比例
（15.79%）大于服务业（8.70%），在往来频率上，往来频繁的工业
占比为 31.58%，服务业占比为 34.78%，从数据的分布来看，相比
工业，服务业与同类企业高管的往来更为频繁。从企业所处位置来
看，不在经开区的企业里有 13.89% 和同类企业高管没有往来，有
30.56% 往来频繁，位于经开区的企业都与同类企业高管有联系，但
只有 25% 往来频繁。虽然位于经开区的企业往来的现象更为普遍，
但是未在经开区的企业往来的频率更高。

此次调查发现，受访的一些企业具有较高的同质性和竞争性。相
当数量的企业由于高层之间缺乏沟通，行业之间缺乏协商和合理规划，
造成了恶性竞争的现象，而且对中国企业整体形象造成了不利影响。
不过在中资企业协会等机构的组织协调下，中资企业间的交流与对话
越来越多，相互照应，彼此关心在尼泊尔的中资企业之间十分普遍。

表 6 - 15　　　　与尼泊尔同类企业的高层管理者的往来情况　　　　（单位：%）

	没有往来	较少往来	有往来	往来频繁
工业	15.79	26.32	26.32	31.58
服务业	8.70	21.74	34.78	34.78
不在经开区	13.89	25.00	30.56	30.56
在尼泊尔经开区	0.00	25.00	50.00	25.00
其他	0.00	0.00	0.00	100.00

表 6 - 16 是受访企业与所在地行政长官的往来情况，从企业的生
产类型来看，没有往来的服务业企业只有 13.64%，低于工业企业的

---

① 魏修柏、杨立华：《中国企业公共外交的现状、特点与模式：基于企业案例的研
究》，《公共外交季刊》2017 年第 4 期。

21.05%，在往来频率上，有42.11%的工业企业与所在地行政长官往来频繁，服务业占比只有18.18%，但有40.91%的受访服务业与所在地行政长官往来情况为有一定程度的往来。从数据的分布来看，服务业的往来情况更普遍，但是工业往来频繁的占比更高。从企业所处位置来看，不在经开区的企业里有20%和所在地行政长官没有往来，但有31.43%往来频繁，位于经开区的企业都与所在地行政长官有联系，但没有企业认为自己和长官往来频繁，3/4的企业集中地认为与所在地行政长官往来情况为"有往来"。在受访的其他企业中，一半认为往来频繁，另一半认为属于"有往来"。虽然位于经开区的企业往来的现象更为普遍，但是未在经开区的企业往来的频率更高，数据分布更均匀。

表 6 - 16　　　　　　　　　与所在地的行政长官的往来情况　　　　　　　　　（单位：%）

	没有往来	较少往来	有往来	往来频繁
工业	21.05	10.53	26.32	42.11
服务业	13.64	27.27	40.91	18.18
不在经开区	20.00	20.00	28.57	31.43
在尼泊尔经开区	0.00	25.00	75.00	0.00
其他	0.00	0.00	50.00	50.00

表 6 - 17 展示了受访企业与尼泊尔行业部门的政府领导往来情况，从企业的生产类型来看，没有往来的服务业占比（23.81%）高于工业（10.53%），工业企业的往来情况是，15.79%往来较少，近一半（47.37%）有往来，26.32%往来频繁。服务业企业虽然"有往来"的数据分布（28.57%）低于工业企业（47.37%），但是往来频繁的占比（28.57%）略高于工业企业（26.32%）。从企业所处位置来看，位于经开区的企业都与行业部门的政府领导有联系，3/4的企业与行业部门的政府领导往来情况为"有往来"，1/4往来较少，

受访的其他企业均表示与行业部门的政府领导有往来，有32.35%的不在经开区企业与行业部门的政府领导往来频繁。

结合实际调查，受访企业在缴税、申请用电、用地审批和相关建筑申请方面都需要尼泊尔各行业部门政府领导的批准。在这些方面，工业的和经开区的企业需要更多地与尼泊尔政府部门打交道，而位于商业区的小型服务型企业，在手续齐全的情况下，除及时缴纳应缴的税金和费用，配合尼泊尔政府部门的检查以外，无须和尼泊尔行业部门的政府领导往来频繁。

表6-17　　　　　　与尼泊尔行业部门的政府领导的往来情况　　　　（单位：%）

	没有往来	较少往来	有往来	往来频繁
工业	10.53	15.79	47.37	26.32
服务业	23.81	19.05	28.57	28.57
不在经开区	20.59	17.65	29.41	32.35
在尼泊尔经开区	0.00	25.00	75.00	0.00
其他	0.00	0.00	100.00	0.00

表6-18反映了受访企业与当地规制或行政管理部门的主要领导的往来情况，从企业的生产类型来看，有10.53%的工业企业和9.52%的服务业企业没有往来，47.37%的受访工业企业和33.33%的服务业企业的往来情况集中于"有往来"，在往来频繁的情况中，服务业占比（28.57%）略大于工业（26.32%）。从企业所处位置来看，有11.76%不在经开区的受访企业与当地规制或行政管理部门的主要领导并无往来；在经开区的企业中，75%的企业与行业部门的政府领导有往来，1/4往来较少，没有企业表示与当地规制或行政管理部门的主要领导往来频繁。当地规制或行政管理部门的主要领导往往掌握着更大的政治权力，在当地的一些公共事务中拥有更大的话语权。与他们保持密切联系的中资企业往往资金雄厚，在行业内有着较高的威望，以大型国企和高端服务企业居多。

表6-18　　　　　与当地规制或行政管理部门的主要领导的往来情况　（单位：%）

	没有往来	较少往来	有往来	往来频繁
工业	10.53	15.79	47.37	26.32
服务业	9.52	28.57	33.33	28.57
不在经开区	11.76	23.53	32.35	32.35
在尼泊尔经开区	0.00	25.00	75.00	0.00
其他	0.00	0.00	100.00	0.00

　　图6-10反映了受访中资企业与尼泊尔在野党领导的交往程度。超过七成的企业表示从来没有来往，另有超过一成的企业表示往来不多，只有很少的企业表示与在野党的领导有较为密切的往来。

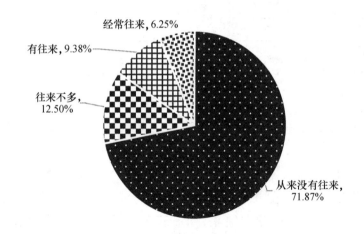

经常往来，6.25%
有往来，9.38%
往来不多，12.50%
从来没有往来，71.87%

图6-10　与在野党领导交往程度

　　图6-11描述了按行业划分各企业与当地在野党领导的往来情况，超过六成的工业企业（62.50%）和超过八成的服务业企业（81.25%）没有和当地在野党领导往来，在有往来的企业中，工业企业的占比总体上大于服务业企业。

　　图6-12按是否在经济开发区划分，各类企业与在野政党的领导交往程度对比情况，66.67%的在经开区企业、71.43%的不在经开区企业与在野政党领导从来没有过往来。剩下1/3在经开区的企业与在

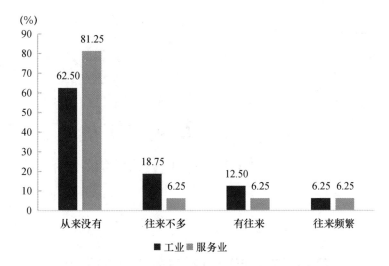

图 6 - 11　按行业划分的企业与在野政党的领导交往程度对比

野政党领导往来不多，有 7.14% 不在经开区的企业与在野政党领导
往来频繁。总的来说，在与在野政党领导往来的比例上，位于经开区
的企业比例更大，但是未在经开区的企业与在野政党领导往来程度
更深。

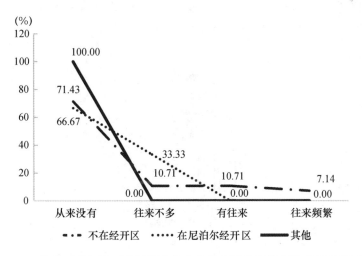

图 6 - 12　按是否在经济开发区划分的企业与在野政党的领导交往程度对比

第七章

尼泊尔中资企业员工的
职业发展与工作条件

第一节　职业经历和工作环境

　　图 7-1 反映了受访者在企业工作时长的分布情况，可以看到工作时长少于 1 年的员工占比为 17.26%，工作时长为 1 年的员工数量最多，达到 43.04%，工作 2 年的员工占比 13.93%，工作时长达到 3 年及以上的占比相加有 25.78%。总体来说，六成的受访者的工作时长没有超过 1 年（60.3%），这表明尼泊尔员工在中资企业的工作时间普遍较短。工作更换的现象在尼很普遍。

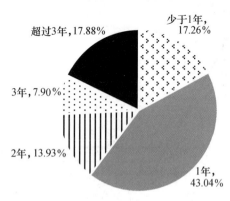

图 7-1　员工在当前企业的工作时长分布（N = 481）

由表7-1可知尼泊尔受访者获得现工作的主要途径。通过亲戚朋友介绍获取职位的受访者占比高达67.98%，仅有不足14%的员工是直接来企业应聘的，通过学校就业中心获取职位和参加招聘会等其他途径的占比特别低。

表7-1　　　　　　　　　　**员工获得现工作的主要途径**　　　　　　（单位：个、%）

获得此工作主要途径	频数	占比
在职业介绍机构登记求职	13	2.70
参加招聘会	8	1.66
通过学校就业中心	5	1.04
看到招聘广告	26	5.41
通过亲戚朋友	327	67.98
直接来企业应聘	67	13.93
雇主直接联系	29	6.03
其他	6	1.25
合计	481	100.00

从表7-1可以看出几个现象。其一，尼泊尔的中资企业招聘员工的渠道单一，没能有效利用职业介绍机构、招聘会、学校就业中心等多元化的方式招聘，甚至连招聘广告的投放力度和使用效果都不佳，绝大多数员工是通过直接应聘或亲朋介绍的方式被招纳的（81.91%），这可能导致的后果是，中资企业往往无法招聘到最优的、最适合的人才，进而可能导致企业运行效率受到影响；其二，结合尼泊尔的社会民情，尼泊尔的职业介绍机构发展不成熟，学校就业中心、招聘会等机制运行不力，也造成了就业信息与就业需求之间的脱节、不对称，这导致尼泊尔一方面就业机会缺乏，另一方面就业不充分，亟待改善；其三，中资企业的招聘还可以更多地联系留华学生。客观而言，相比其他国家，尼泊尔赴华留学人数较少，但近年

来，随着中尼高层互动频繁、两国经贸合作的不断推进，人文交流也上了新台阶，越来越多的尼泊尔学生选择来华留学，留华学生往往更了解中国文化、能够熟练运用中文，可以成为中资企业雇佣员工的优先考虑对象。但根据调研团队在尼泊尔掌握的实际情况，留华学生回国就业时，并没有特殊的机制引导与政策倾斜，中资企业与留华学生之间也没有形成有效的互动机制，这是非常遗憾的。未来中资企业可以与留华学生组织之间加强联系与合作，甚至还可以考虑资助部分优秀学生赴华留学或短期培训，而后直接留在中资企业中工作。

表 7－2 反映了受访者的家人在本企业工作的数量情况。有 44 人选择除自己以外还有其他家人在同一家企业工作，其中只有 1 名家人在同公司工作的占比高达 72.73%，2 名以上家人在同一公司工作的占比较低。

表7-2	员工家人在本企业的数量	（单位：个、%）
有几个家人在本企业	频数	占比
一个	32	72.73
两个	8	18.18
三个	3	6.82
四个以上	1	2.27
合计	44	100.00

目前，电脑的使用率已经成为衡量一个公司现代化的重要标志，通过表 7－3 可以看到，只有约 1/4 的男性受访者在工作中能使用电脑，而女性受访者在工作中能使用电脑的占比超过四成。这表明超过一半的受访者在工作中用不到电脑，只能从事较为辛苦的体力劳动或是进行较为原始的手动办公，这也说明尼泊尔的电脑普及率仍然很低，难以提升尼泊尔企业的工作效率和生产力。电脑这类现代办公工具的缺乏也影响着尼泊尔政府和其他机构的办事效率和数据保存，阻

碍着尼泊尔的社会进步。通过表格也可以发现，男性在工作中使用电脑的比率明显低于女性，这说明相比于女性更多的男性从事的是体力劳动，体力上的劳动强度高于女性。

表 7－3　　　　　　按性别划分的员工日常工作使用电脑状况　　　　（单位：%）

日常工作是否使用电脑	男	女
是	24.50	43.28
否	75.50	56.72
合计	100.00	100.00

$N = 481$。

第二节　工作时间与职业培训、晋升

表 7－4 表明了不同性别之间管理人员与非管理人员的分布情况，通过数据来看，受访者中绝大多数是非管理人员（占比 85% 以上）。其中性别差异不明显，但这并不能说明，性别对于是否承担管理职务的影响微乎其微，考虑到本次调研的样本中包含为数众多的建筑业、制砖业的员工，其中从事重体力劳动的男性员工远远多于女性员工，样本的选取对于数据会产生一定的影响。从调研团队的实地观察来看，公司较高职位的管理者中男性居多。

表 7－4　　　　　　按性别划分的管理人员与非管理人员分布　　　　（单位：%）

是否是管理人员	男	女
是	14.99	14.93
否	85.01	85.07
合计	100.00	100.00

$N = 481$。

关于员工入职后的培训情况，通过表7-5可以看出，超过七成的员工在入职后并没有进行培训，参加培训的员工的进修内容大多集中于技术性技能、计算机技能、中英文读写和安全生产教育。从性别的差距来看，参与到管理技能、人际交往技能、写作能力、职业道德、英文读写、计算机技能、技术性技能培训的女性人数略多于男性，参与中文读写、安全生产培训的男性人数略多于女性。作为面向中资企业的调查，出乎意料的是，中文读写的培训并没有广泛的展开，据调查中资企业企业主和员工之间的沟通方式大多为英文沟通，或是聘请翻译，这表明中文普及率低的现象在尼泊尔中资企业中十分普遍。

表7-5　　　　按性别划分的员工入职后的培训内容（多选题）　　（单位：%）

入职后培训或进修内容	男	女
管理技能	3.75	5.22
人际交往技能	2.02	4.48
写作能力	0.29	0.75
职业道德	0.86	3.73
中文读写	4.32	2.24
英文读写	2.02	3.73
计算机技能	5.19	6.72
技术性技能	6.05	8.21
安全生产	3.46	2.24
其他	3.17	2.24
没有培训	76.95	73.13

$N = 481$。

从受访者最近一次的培训内容来看，有较大比例的受访者选择了技术性技能培训（25%男性受访者和30.56%的女性受访者）。最后一次培训内容为管理技能、职业道德、英文读写、技术性技能培训的女性受访者人数明显高于男性。最后一次培训为中文读写、安全生产培训的男性人数比率明显高于女性。这样的差异与本次调研采访对象多为建筑行业和服务行业有关，建筑业男性员工居多，强调生产的安全和技术技能，而服务业企业相对来说更加重视员工的管理技能和职业道德以及相关语言的学习。

表7-6　　　　按性别划分的员工最近一次的培训内容（多选题）　　（单位：%）

最近一次培训的内容	男	女
管理技能	15.00	16.67
人际交往技能	11.25	11.11
写作能力	1.25	0.00
职业道德	2.50	8.33
中文读写	15.00	5.56
英文读写	6.25	11.11
计算机技能	13.75	13.89
技术性技能	25.00	30.56
安全生产	12.50	5.56
其他	10.00	2.78
没有培训	12.50	22.22

$N=116$。

表7-7显示的是不同性别受访者进入企业的职业晋升状况。绝大多数的受访者没有获得晋升机会，只有12.68%的男性和18.66%的女性受访者进入企业后获得了升职。结合图7-1受访员工进入企业的工作时间来看，多数员工进入企业后没有晋升与员工在该企业工作时间普遍较短有关。值得我们注意的还有其中反映的性别差异，女性得到的晋升机会明显高于男性，虽然尼泊尔国内男性就业率远远高于女性，但是女性进入的服务业等非纯体力劳动的行业的概率高于男性，这种行业分工明细，管理层次较多，所以相比男性，女性能获取到更多的晋升机会。

表 7 - 7　　　　　　按性别划分的员工的职业晋升状况　　　（单位：%）

进本企业后是否有职业晋升	男	女
是	12.68	18.66
否	87.32	81.34
合计	100.00	100.00

$N = 481$。

工作时长是衡量一个企业员工的劳动强度的重要指标，也是评判一个国家人权的重要依据。表 7 - 8 说明了尼泊尔员工每周的工作天数的差异，绝大多数员工工作时长为 6—7 天，只有不足 10% 的员工每周工作时长低于 6 天。其中 77.78% 的管理人员工作时间为 6 天，每周能有 1 天时间休息，只有 16.67% 的管理人员需要全周上班。而非管理人员中，26.23% 的员工工作 6 天，65.44% 的员工工作 7 天。这表明了在尼泊尔，员工的工作时长普遍较高，双休日的工作制度并没有在尼泊尔普及，总体来说，非管理人员的劳动时长高于管理人员，能休息的时间相对较少。

表 7 - 8　　　　　　管理人员与非管理人员上月平均每周
工作天数的差异　　　　　（单位：%）

上月平均每周工作天数	管理人员	非管理人员
≤3	2.78	0.25
4	1.39	6.37
5	1.39	1.72
6	77.78	26.23
7	16.67	65.44
合计	100.00	100.00

$N = 480$。

第三节　工会组织与社会保障

调查结果显示，受访员工中仅有47.89%与所在企业签订了就业协议或合同，52.11%的员工未与现企业签订合同。没有与企业签订劳动合同的员工，他们不能享受国家法律的必要保障，大量员工合法权益随时有被侵害的风险。

劳工权利保障方面，尼泊尔还有很长的路要走。表7-9说明的是尼泊尔员工加入企业工会的情况，有超过一半的男员工加入了企业工会（54.55%），略高于未参加企业工会的男性员工（45.45%）。而女性的情况与男性相比有明显的差异，只有1/4的女性员工参加了企业工会，75%的女性没有参加企业工会。总体来说，参加企业工会的员工比率只有46.67%，并未过半。虽然调研样本只是中资企业，但根据调研团队的实地观察，这种现象在尼泊尔本地企业与其他外资企业中并无太大差异，尼泊尔大多数企业并无工会，员工很少可以通过企业工会来维权。

表7-9　　　　　　　　按性别划分的员工加入企业工会状况　　　　　　（单位：%）

本人是否加入企业工会	男	女	总计
是	54.55	25.00	46.67
否	45.45	75.00	53.33

N = 15。

相比尼泊尔企业工会的保障情况，尼泊尔的全国性行业工会的普及率更低。表7-10的数据显示，高达96.66%的受访者表示没有加入行业工会，只有2.09%的员工加入，并且有1.25%的人表示当地根本没有行业工会。从性别差异来看，女性参加行业工会的比率略高于男性。尼泊尔行业工会的参与率低的情况，反映大多数员工并没有加入企业的工会，同时这也能说明尼泊尔的行业工会数量少，影响力差，难以保障广大员工的相关劳动权利。

表 7 - 10　　　　　　按性别划分的员工加入行业工会状况　　　　　（单位：%）

本人是否加入行业工会	男	女	总计
是	2.03	2.24	2.09
否	96.52	97.01	96.66
当地没有行业工会	1.45	0.75	1.25

N = 479。

尼泊尔不仅没有完善的合同保障机制和工会的支持，社会保障情况也不容乐观。根据表 7 - 11 的数据来看，管理人员中，有 56.94%的人能享受到社会保障，而近一半的员工并不能享受。非管理人员的情况更为糟糕，只有二成（21.87%）的人能享受社会保障，高达78.13%的员工无法得到相关的社会保障。这说明企业的管理人员和非管理人员的待遇有着明显的差距，管理层的员工的社保情况明显优于普通员工。不过总体来说，尼泊尔的社会保障普及率很低，广大人民难以享受到社会保障。

表 7 - 11　　　　　管理人员与非管理人员是否享有社会保障　　　（单位：%）

是否享有社会保障	管理人员	非管理人员
是	56.94	21.87
否	43.06	78.13
合计	100.00	100.00

N = 479。

表 7 - 12 反映的是尼泊尔员工享受社会保障的类型，总体而言尼泊尔员工能享受到社会保障的类别不多，另外管理人员的社会保障整体上优于非管理人员。具体而言，受访者所享受的社会保障的主要类型是医疗保险，其中超过九成管理人员（90.24%）和近八成非管理人员（79.78%）可享受医疗保险，反映出中资企业企业主们重视员工的身体健康与安全生产，愿意给员工提供医疗保险。养老保险方面情况则不太乐观，仅有 26.83% 的管理人员和 10.11% 的非管理人员享受了养老保险，这表明养老保险机制在尼泊尔普及度还不高，绝大部分员工不能得到养老保险所带来的保障。

表 7 - 12　　管理人员与非管理人员享有的社会保障类型（多选题）　（单位：%）

享有哪些社会保障	管理人员	非管理人员
医疗保险	90.24	79.78
养老保险	26.83	10.11
其他	7.32	14.61
不清楚	0.00	4.49

$N = 130$。

表 7 - 13 展示了管理人员与非管理人员参加行业工会的情况，从中可以看出广大职工的劳动权利并没有得到全国性行业工会的良好保护。受访者中，95.83% 的管理人员并没有参加行业工会，只有 2.78% 的管理人员参加了行业工会。非管理人员的情况也差不多，96.81% 的非管理者没有参加行业工会。结合表 7 - 10 的情况来看，不论是按性别划分还是按照职能来分，绝大多数的员工没有参加过行业工会。

表 7 - 13　　　　　　　管理人员与非管理人员加入行业工会状况　　　　（单位：%）

是否加入行业工会	管理人员	非管理人员
是	2.78	1.97
否	95.83	96.81
当地没有行业工会	1.39	1.23
合计	100.00	100.00

$N = 479$。

　　表 7 - 14 反映了员工遇到问题时解决纠纷的方式。绝大多数受访者选择由企业管理部门介入来解决纠纷，91.55% 的管理人员和 80.3% 的非管理人员选择找企业管理部门投诉。而只有 2% 左右的受访者选择向工会投诉，说明工会在尼泊尔还没有发挥出明显的作用。2.82% 的管理人员和 9.98% 的非管理人员选择向劳动监察部门投诉，相比于管理人员，非管理人员更愿意向政府有关部门投诉。遇到问题选择停工或辞职的员工占比更低，此次采访中，没有管理人员表示他们遇到问题会独自停工或辞职。但是有 1.41% 的管理人员和 1.50% 的非管理人员表示会用参与罢工的方式来解决纠纷，证明罢工的方式在尼泊尔有一定的群众基础。而选择上网反映问题的员工在此次调查中占比最少，没有管理人员选择此选项，只有 0.25% 的非管理人员遇到问题会通过互联网的方式来解决。只有超过 1% 的受访者表示，发生纠纷自己不会采取任何行动。通过表 7 - 14 的数据来看，管理人员和非管理人员之间的选择存在差距，但是大部分人只会选择通过企业的管理部门介入解决问题，无形中增加了管理人员的权力。除了这种方式以外，非管理人员解决问题的手段更为多样。总体来说，尼泊尔的相关社会机构和互联网在解决社会纠纷方面影响力小，难以对企业主形成有效的约束。

表 7-14　　　　管理人员与非管理人员解决纠纷方式的差异　　　（单位：%）

最有可能采取的解决纠纷方式	管理人员	非管理人员
找企业管理部门投诉	91.55	80.3
找企业工会投诉	0.00	1.75
找行业工会投诉	1.41	0.75
向劳动监察部门投诉	2.82	9.98
独自停工、辞职	0.00	2.99
参与罢工	1.41	1.50
上网反映情况	0.00	0.25
没有采取任何行动	1.41	1.25
其他	1.41	1.25
合计	100.00	100.00

$N = 472$。

第四节　个人收入和家庭收入

工资是员工重要的生活来源，一旦工资拖欠，直接影响到企业员工的生活水平。表 7-15 反映了受访者的工资拖欠情况：2.78% 的管理人员和 2.20% 的非管理人员表示发生过工资拖欠超过 1 个月的情况，而97.22% 的管理人员和 97.80% 的非管理人员发生过的工资拖欠情况并未超过 1 个月。数据显示，中资企业中，无论是管理层还是普通员工，企业很少拖欠员工工资，更鲜有拖欠超过 1 个月的现象。结合调研团队实际了解的情况，很多在尼中资企业处于亏损状态，在企业整体亏损的情况下，能够优先保民生，按时发放工资，这是难能可贵的。

表 7-15　　　　管理人员与非管理人员工资拖欠状况　　　（单位：%）

未结算工资是否超过 1 个月	管理人员	非管理人员
是	2.78	2.20
否	97.22	97.80
合计	100.00	100.00

$N = 481$。

表7-16 反映的是受访者的月收入分布情况。月收入在 8000—14000 尼泊尔卢比（简称"卢比"）的受访者占比为 20.39%，收入为 15000—19500 卢比的受访者比率也是 20.39%，收入在 19800—24600 卢比的人占比为 18.22%，收入在 25000—33000 卢比的人比率为 22.34%，收入超过 35000 卢比的受访者为 18.66%。从月收入的各个层次来看，本次调查的样本分布较为平均，各层次的比率均在 20% 左右，其中月收入在 25000—33000 之间的受访者占比最大。

从性别划分来看，最低收入的层次，女性占比 39.53% 明显高于男性的 12.95%。月收入 15000—19500 卢比的层次中，27.13% 占比的女性依旧高于 17.77% 占比的男性。中间收入层次中，男性占比 22.29% 远远多于 7.75% 的女性。收入在 25000—33000 卢比层次的受访者中，男性（25.90%）多于女性（13.18%）。月收入超过 35000 卢比的员工中，男性占比 21.08%，女性占比 12.40%。从以上的数据来看，女性的收入总体集中于 19500 卢比以下，而超过一半的男性收入超过 19800 卢比，在收入最高的层次中，男性占比大约是女性的两倍，这说明男性受访者的收入水平明显高于女性受访者。

表7-16　　　　按性别划分的员工月收入层次分布　　　　（单位：%）

性别	8000—14000 卢比	15000—19500 卢比	19800—24600 卢比	25000—33000 卢比	>35000 卢比
男	12.95	17.77	22.29	25.90	21.08
女	39.53	27.13	7.75	13.18	12.40
合计	20.39	20.39	18.22	22.34	18.66

$N=461$。

表7-17 展示的是按照年龄分层，员工们的月收入分布情况。15—25 岁的受访者中，有收入位于 8000—14000 卢比之间人数近四成（37.70%），15000—19500 卢比之间的占比也高达 22.40%，只有不到

40％的受访者收入超过 19800 卢比。收入超过 35000 卢比的人数只占总人数的 6.01％。26—35 岁的年龄层中，30.82％的人月收入低于 19500 卢比，而超过一半的人收入超过了 25000 卢比，26.42％的收入更是超过了 35000 卢比。36 岁及以上的员工中，低于 19500 卢比的人只占 24.37％，高达 75.63％的人收入超过 19800 卢比，27.73％的人收入超过 35000 卢比。根据以上数据，15—25 岁的员工只有 39.89％的人收入超过 19800 卢比，这样的情况在 25—35 岁之间的比率是 69.18％，36 岁及以上是 75.63％。总体来说，随着年龄的增长，月收入也随之增长。

表 7 –17　　　　　　　　按年龄组划分的员工月收入分布　　　　　（单位：％）

年龄组	8000— 14000 卢比	15000— 19500 卢比	19800— 24600 卢比	25000— 33000 卢比	>35000 卢比
15—25 岁	37.70	22.40	15.3	18.58	6.01
26—35 岁	11.32	19.50	15.72	27.04	26.42
36 岁及以上	5.88	18.49	26.05	21.85	27.73
合计	20.39	20.39	18.22	22.34	18.66

$N = 461$。

　　教育程度和收入水平息息相关，通过表 7 –18 可以看到尼泊尔按照教育程度来划分的员工月收入分布情况。其中未受过教育的受访者中，34.09％的人收入没有超过 19500 卢比，近四成的人收入位于 19800—24600 卢比之间，只有 29.54％的人收入超过了 25000 卢比。教育水平为小学学历的受访者群体中，34.25％的受访者收入低于 19500 卢比，32.88％的受访者的收入在 25000—33000 卢比之间，超过 65％的受访者的收入在 19800 卢比以上。具有中学学历的尼泊尔受访人中，52.88％的受访者收入低于 19500 卢比，只有 47.11％的受访者收入高于 19800 卢比。拥有本科及以上学历的受访者中，收入低于 19500 卢比的人只占 24.37％，其中 42.02％的人月收入超过了 35000 卢比，有

75.64%的人收入超过了19800卢比。总体来说，受教育程度与收入之间呈现正相关，当然也并非绝对，具有中学学历的受访者相比于小学学历低收入占比更为集中。

表7-18　　　　　　　按受教育程度划分的员工月收入分布　　　　（单位：%）

最高学历	8000—14000卢比	15000—19500卢比	19800—24600卢比	25000—33000卢比	>35000卢比
未受过教育	11.36	22.73	36.36	18.18	11.36
小学学历	19.18	15.07	26.03	32.88	6.85
中学学历	28.44	24.44	14.22	21.33	11.56
本科及以上	9.24	15.13	14.29	19.33	42.02
合计	20.39	20.39	18.22	22.34	18.66

$N=461$。

目前尼泊尔城乡二元现象还十分明显。根据表7-19提供的数据，47.23%的农村受访者收入位于19500卢比以下，超过19800卢比的人只占52.77%。而来自城市的受访者中，只有27.92%的人收入没有超过19500卢比，72.08%的城市受访者收入超过了19800卢比，收入超过35000卢比的城市受访者更是高达31.82%。根据以上数据可看出，来自农村的受访者收入水平总体来说低于城市，并随着收入水平越高差距越大，证明目前尼泊尔的城乡发展差距较为悬殊，形势不容忽视。

表7-19　　　　　　　　按出生地划分的员工月收入分布　　　　（单位：%）

农村或城镇	8000—14000卢比	15000—19500卢比	19800—24600卢比	25000—33000卢比	>35000卢比
农村	22.80	24.43	17.92	22.80	12.05
城市	15.58	12.34	18.83	21.43	31.82
合计	20.39	20.39	18.22	22.34	18.66

$N=461$。

表 7 - 20 揭示了管理人员与非管理人员收入的分布情况，可以看到管理层与普通员工不仅福利待遇差别很大，工资收入差别也很大。管理人员中，只有 7.04% 的人，收入低于 14000 卢比，有一成多（11.27%）的受访者，收入低于 19500 卢比，有 83.10% 的人收入超过了 25000 卢比，更是有 57.75% 的人收入超过了 35000 卢比。非管理人员情况截然相反，46.15% 的人收入水平低于 19500 卢比，收入水平超过 35000 卢比的人只占 11.54%。近一半的管理人员可以拿到高薪，而 40% 的非管理人员只能拿到很低的薪水，说明管理人员和非管理人员之间的月收入差距悬殊。目前尼泊尔的中资企业中高收入的员工绝大多数属于管理人员。

表 7 - 20　　　　管理人员与非管理人员的月收入分布　　　（单位：%）

是否为管理人员	8000—14000 卢比	15000—19500 卢比	19800—24600 卢比	25000—33000 卢比	>35000 卢比
是	7.04	4.23	5.63	25.35	57.75
否	22.82	23.33	20.51	21.79	11.54
合计	20.39	20.39	18.22	22.34	18.66

$N = 461$。

表 7 - 21 表明的是受访者家庭年收入的状况。20.53% 的受访者家庭年收入位于 100000—228000 卢比之间，24.28% 的受访者家庭年收入位于 240000—300000 卢比之间，15.01% 的受访者家庭年收入位于 324000—480000 之间，年收入达到 500000—800000 卢比的受访者占比为 23.84%，16.34% 的受访者家庭年收入超过 90 万卢比。通过此次调查我们可以发现，尼泊尔的家庭年收入差距较大，超过 44% 的受访者年收入没有超过 300000 卢比，也有 16.34% 的受访者年收入超过 900000 卢比。结合调研团队实地观察与访谈的情况，尼泊尔社会中财富分布不均的情况十分严重，如何分配社会财富，维护社会公平，成

为现在尼泊尔政府不得不面对的一个难题。

表 7 - 21　　　　　　　　　　家庭年收入状况　　　　　　（单位：卢比、%）

家庭年收入	频数	占比
100000—228000	93	20.53
240000—300000	110	24.28
324000—480000	68	15.01
500000—800000	108	23.84
>900000	74	16.34

第五节　家庭地位和耐用消费品

481 名受访者对自己进入企业时当前的家庭社会经济地位情况分别进行了评价。受访者进入企业时的家庭社会经济地位自我评价的均值为 5.30，当前的均值为 5.28，下降了 0.02。自我评价的等级最大值为 10，最小值为 1，进入企业时的标准差为 1.70，当前的数据标准差为 1.59，数据的标准差变小，说明样本数据的波动变小，更为集中。

表 7 - 22　　　　当前和进入企业时的家庭社会经济地位自评　　（单位：个、%）

时间点	样本量	均值	标准差	最小值	最大值
当前	481	5.28	1.59	1	10
进入企业时	481	5.30	1.70	1	10

随着经济社会的发展，耐用消费品进入越来越多的尼泊尔家庭之中。根据表 7 - 23 的数据来看，81.50% 受访者家中拥有电视，98.96% 的受访者拥有手机，证明电视和手机在尼泊尔的普及率很高——尼泊尔民众可以通过手机和电视来获取信息，进行通信联络，

也可以通过电视和手机来获得娱乐和消遣。世界各地现代化进程飞跃的今天，食物的保鲜能够提升人民的健康水平，冰箱也成为现代化厨房革命的重要标志，但只有43.24%的尼泊尔受访者表示家中拥有冰箱。交通工具方面，39.50%的受访者拥有摩托车，7.69%的人拥有汽车，总体来说，尼泊尔代步工具的普及率较低，员工的出行主要依靠公共交通。公共车虽然经济实惠，但是乘客密度大于车内空间负载量，加之上下班高峰期道路拥挤，乘坐公共车上下班是非常辛苦的。

表 7 - 23　　　　　　按受教育程度划分的家庭耐用消费品拥有率　　　　（单位：%）

	汽车	电视	摩托车	手机	冰箱
未受过教育	0.00	71.74	21.74	95.65	15.22
小学学历	2.67	69.33	16.00	100.00	20.00
中学学历	3.81	77.97	30.93	98.73	33.47
本科及以上	20.97	99.19	76.61	100.00	86.29
总计	7.69	81.50	39.50	98.96	43.24

$N = 481$。

同时，结合受访者的受教育水平来观察，可以发现受教育程度越高，家庭耐用消费品的拥有率也相应越高。其中，手机的拥有情况是个特例——无论受教育程度为何，几乎所有人都拥有手机。电视普及率很高，并随着教育程度的上升，普及度也随之升高，本科及以上学历的员工中有99.19%的人拥有电视。冰箱的普及率在从未受过教育的受访者只有15.22%，但在拥有本科及以上学历的受访者中的普及率高达86.29%。交通工具方面，76.61%的本科及以上受访者拥有摩托车，20.97%的本科员工拥有汽车，本科及以下的学历对于代步工具的拥有率较低。采访的481个对象中，没有一个未接受过教育的受访者拥有汽车。总体来说，家庭耐用消费品的拥有率与教育水平呈正相关的关系，本科及以上的受访者生活质量更高，也更为现代化。

表7-24反映尼泊尔农村和城市之间家庭耐用消费品拥有率的差

别。手机在尼泊尔的普及率很高，城乡之间差距不大。农村的电视拥有率高达76.03%，但相比于城市92.07%的电视拥有率，还是有明显的差距。农村的冰箱拥有率不到30%，而城市的冰箱拥有率近70%。农村的摩托车拥有率仅为28.39%，城市的高达60.98%。农村汽车拥有率仅为6.62%，城市为9.76%。总体来说，除了手机以外，其他四种耐用消费品拥有率城乡之间的差距都十分明显。目前，尼泊尔的城市中，电视、摩托、手机和冰箱都有着较高的普及率，但汽车在尼泊尔的城市和农村都没有获得普及。来自尼泊尔农村的员工，除了手机以外，并没有使用其他更多的家庭耐用消费品，其追求现代生活方式的动力与能力还相对不足。

表7-24　　　　　　　　　按出生地划分的家庭耐用消费品拥有率　　　　　（单位：%）

	汽车	电视	摩托车	手机	冰箱
农村	6.62	76.03	28.39	98.74	29.97
城市	9.76	92.07	60.98	99.39	68.90
总计	7.69	81.50	39.50	98.96	43.24

$N = 481$。

　　表7-25数据显示的是月收入水平与家庭耐用消费品拥有率之间的关系。总的来说，二者之间呈正相关的关系，但也可以看出中等收入水平的群体的消费能力不可小觑。月薪超过35000卢比的受访者中，100%的人拥有手机、95.35%的人拥有电视、76.74%的人拥有冰箱、73.26%的人拥有摩托车、19.77%的人拥有汽车，远高于其他收入的群体。但月收入能够达到35000卢比以上的毕竟是少数，据调研团队实地观察和访问得知的情况，中资企业员工的薪资水平相对较高，但尼泊尔整体薪资水平较低，普通工人的工资收入在14000卢比以下的居多。从表7-25可以看到，工资收入在8000—14000卢比的群体中，虽然98.94%的人拥有手机，79.79%的人拥有电视，但摩托车、汽车、冰箱的拥有率就非常之低了。值得注意的是，月收入在

19800—24600 卢比的群体消费能力较强，该群体的手机、冰箱、电视的拥有率甚至超过了月收入 25000—33000 卢比的群体。

表 7 - 25　　　　　　　　按月收入划分的家庭耐用消费品拥有率　　（单位：卢比、%）

个人月收入	汽车	电视	摩托车	手机	冰箱
8000—14000	2. 13	79. 79	29. 79	98. 94	25. 53
15000—19500	6. 38	84. 04	34. 04	98. 94	37. 23
19800—24600	3. 57	79. 76	26. 19	98. 81	39. 29
25000—33000	7. 77	69. 90	36. 89	98. 06	37. 86
35000—70000	19. 77	95. 35	73. 26	100. 00	76. 74
合计	7. 81	81. 34	39. 70	98. 92	42. 73

$N = 461$。

　　根据图 7 - 2 可知，大多数受访者选择购买印度产的汽车（64.86%），两成左右的受访者选择日本品牌（24.32%），选择中国品牌汽车的不多，仅有 5.41%。究其原因，一是印度汽车进入尼泊尔市场很早，推广程度高；二是车型小巧，适合尼泊尔的城市道路；三是价格实惠，符合尼泊尔人的消费水平；四是印度的驾驶习惯同尼泊尔相同，为左舵驾驶，使得众多印度本土品牌的汽车在尼泊尔备受青睐。除此之外，很多西方的汽车公司的产地在印度，造车业技术成熟，不少印度产的高档汽车、越野车也成为尼泊尔高端消费群体的首选。日本汽车进入尼泊尔市场的时间也很早，外观美、质量好、节省油、超耐磨是其特色，日本汽车凭借高性价比给尼泊尔人民留下深刻印象，赢得第二多的市场占有率。而中国制造的汽车进入尼泊尔的时间相对较晚，与印度、日本的汽车相比，其品牌特色和优势尚未凸显，导致市场占有率很低。事实上，中国制造的越野车以及一些时尚轻便的小车在尼泊尔是具备潜在竞争力的，而未来尼泊尔民众的汽车需求也会越来越多元化，中国的汽车制造商可以调整策略，进而拓展更广阔的尼泊尔市场。

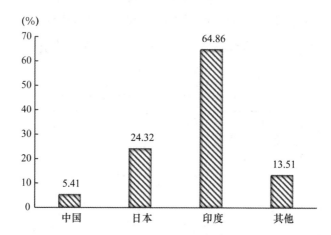

图 7 - 2　家庭拥有轿车/吉普车/面包车的原产国百分比分布（多选题）（N = 37）

图 7 - 3 直观地展示了尼泊尔家庭电视的产地分布情况，由图可见，中、印、日三国大致持三足鼎立的形势。印度品牌电视的占比最大（28.83%），日本品牌电视占比位居第二（23.72%），中国电视的占比也超过两成（21.94%）。彩电产业是日本的传统强势产业，品牌名气大、口碑好，在国际上有一大批忠实的顾客。近年来，中国的彩电产业发展也十分迅速，技术醇熟，主要彩电企业纷纷选择走出国门，开拓海外市场，国际上的影响力越来越大。印度的电视产业还不能跟日本、中国相比，但其在尼泊尔还是拥有较多消费者，主要得益于印 - 尼两国的密切的经济联系，以及印度电视价格上的优势。

图 7 - 4 是尼泊尔员工家用摩托车的原产国分布情况。从图中可见，印度品牌以绝对优势近乎完全占有了尼泊尔的摩托车市场（89.47%）。除此之外，有少数员工选择购买日本制造的摩托车（6.84%），极少数员工选择中国产的摩托车（3.16%）。中国的摩托车制造业已具备一定实力，生产技术稳定，各种价位的摩托车也一应俱全。中国摩托车在东南亚乃至非洲地区都颇受欢迎，但是没能打入尼泊尔市场，这是出人意料的。尼泊尔摩托车的低端市场和中端市场被印度占据，这主要得益于尼印两国距离近，边境贸易畅通，经济往

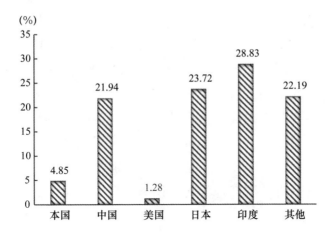

图 7 - 3　家庭拥有彩色或黑白电视的原产国百分比分布（多选题）（$N = 392$）

来密切，人民生活习性相似等因素。高端市场被日本的摩托车企业占领了。而中国所生产的摩托车并没有受到尼泊尔人民的青睐，除了运输成本高以外，受访者还表示，品牌影响力小或是中国摩托车市场占有率小的主要原因之一。

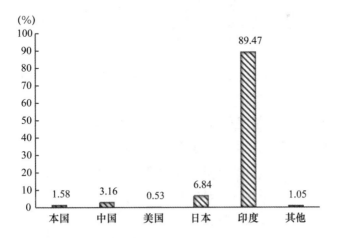

图 7 - 4　家庭拥有滑板车/摩托车/轻便摩托车的
原产国百分比分布（多选题）（$N = 190$）

图 7 - 5 反映的是受访者拥有手机原产国的分布情况，市场占有率最高的是原产国为中国的手机（52.73%），其次是原产国为印度的手机（38.03%），原产国为美国（9.24%）和日本（6.72%）的手机也有一定的市场占有率。根据调研团队的实地观察，中国产的手机在尼泊尔的普及率很高，而产地为印度的手机大多出自其他国家品牌的代工厂，印度本土品牌很少。结合图中受访者选择产地为其他的选项概率高达 37.18% 这一情况，原因可能是受访者不清楚手机的品牌或分辨不清手机的原产地为哪一国家。

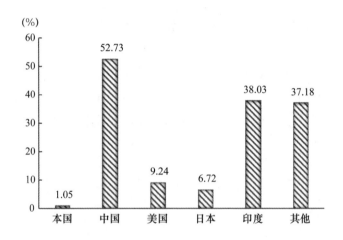

图 7 - 5　家庭拥有移动电话的原产国百分比分布（多选题）（N = 476）

图 7 - 6 是受访者拥有冰箱原产国的分布图。从图中可以看出原厂国为印度的冰箱市场占有率最高（47.60%），原厂国为中国（12.50%）和日本（11.06%）的冰箱市场占有率相当。目前，尼泊尔的冰箱拥有率有了明显的提升，但仍然不足 50%，对于这个有着广阔前景的市场，印度的冰箱企业走在了最前列。日本冰箱行业的发展历史十分悠久，走高品质路线是日本冰箱企业的基本发展方针，如今日本的冰箱在尼泊尔的高端市场中有着重要占有率。近年来，我国冰箱企业的成长速度十分惊人，在国际上拥有越来越重要的市场占有

率。尼泊尔的市场较之其他国家而言虽不巨大，但依然具有较大的发展潜力与增长空间，我国的冰箱企业要充分做好市场调研，才能占取更为广阔的市场份额。

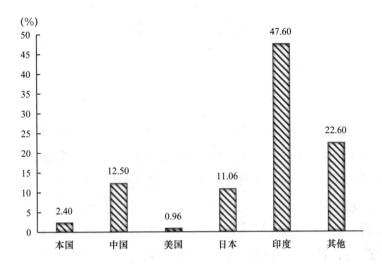

图 7 – 6　家庭拥有冰箱的原产国百分比分布（多选题）（$N = 208$）

第 八 章

交往与态度

　　马克思认为交往是个人与阶级、社会、国家等共同体之间，在物质、精神上互相约束、相互作用、彼此联系、共同发展的活动及其形成的相互关系的统一。随着社会和经济的发展，现代社会的交往形式也变得日趋复杂，交往活动成为人与人之间，人与社会、国家之间的重要桥梁，以马克思为代表形成的交往理论中阐述道，交往可以保存既有生产力，甚至促进生产率的提高以及生产力的质变外，交往还创造了贸易，从而形成了"世界历史"。① 当前，在全球化发展的趋势下，各民族、国家间的沟通与联系更为频繁，交往的领域也更为宽泛。随着"一带一路"倡议相关工作的逐步推进，沿线国家与中国的联系也日益紧密。尼泊尔地理区位毗邻中国西藏，与中国的交往有着天然的地理优势。自 1955 年建交以来，中尼两国彼此尊重，相互支持，平等相待，各领域交流合作越来越丰富充实，中尼世代友好的全面合作伙伴关系持续向前发展。② 本章将着重探究尼泊尔中资企业尼方员工的社会交往态度，及其对中资企业的评价。

---

　　① 冯波：《马克思社会交往思想的当代价值》，《法制与经济（下半月）》2008 年第 5 期。

　　② 侯艳琪：《中尼"一带一路"合作推动两国关系深化发展》，《国际商报》2019 年 4 月 25 日 B17 版。

第一节 社会交往与社会距离

社会交往概念最早由马克思在其著作《1844 年经济学哲学手稿》中提出的，之后在《德意志意识形态》《哲学的贫困》《历史学笔记》等著作中进一步发展。马克思在 1846 年 12 月 28 日致帕·瓦·安年科夫的信中说，"社会是人们交互活动的产物"，社会交往有助于自我满足、自我认识、自我实现。除此之外，它能够使人们结成各种社会关系及群体，从而形成一个庞大的社会，促进社会的繁荣与发展。[①]放眼国际社会，不同国家之间的社会交往，可以有效地推动国际关系、促成国际交流与合作。因此，对尼泊尔社会交往情况的分析有其重要的现实意义。

社会距离，也称人际距离，是指人与人在群体生活和社会关系方面所存在的距离，人与人之间的亲密度由社会距离的远近来度量，文化背景差异和社会地位高低是造成社会距离的主要原因。社会交往的效果很大程度可以由社会距离的远近来判断，社会距离越近，他们之间的接触就更为密切，有更大强度和频率的身体和情感交互。本节内容意在探讨尼泊尔人与中、美、印、日四国的交往情况，并运用社会距离表来进行衡量；另外，中资企业尼方员工和中国人的相处情况对于企业的发展也至关重要，在此一并讨论。

根据美国社会心理学家博格达斯提出的"社会距离量表"（Social Distance Scale）[②]概念，将社会距离从亲密到疏远分为 7 个层次和等级。通过对比尼方员工与中国人、美国人、印度人和日本人的交往意愿，得出图 8 - 1 的结论。尼方员工对于与中、美、印、日四国民众

---

① 廖盖隆、孙连成、陈有进等主编：《马克思主义百科要览·下卷》，人民日报出版社 1993 年版，第 1603 页。

② 刘建明主编：《宣传舆论学大辞典》，经济日报出版社 1993 年版，第 389 页。

的交往意愿在国籍上不存在较大的差别，图中曲线趋势基本一致，较多人选择第 2 层次，即愿意与其成为朋友，仅有 1% 左右的人会选择第 7 个层次，即完全不愿意和他们交往；通过纵向对比员工与 4 个国家民众的交往意愿，发现更多的员工愿意和中国人交往，希望能和中国人成为同事、邻居，而对于美国和印度，则有 9% 左右的员工仅愿意与他们成为点头之交，有约 11% 的员工仅愿意与日本人生活在同一个城市，不愿与其在生活上有过多的接触。在交往意愿的程度上，对四国的社会距离都较近，有一半以上的尼泊尔人愿意与外国人成为朋友，一部分甚至愿意与他们成为伴侣。综上，员工对中国人的社会距离最近，有 95% 的受访者愿意和中国人打交道；对日本人的社会距离最远，有 87% 的受访者愿意和日本人打交道。

总体而言，员工的社会交往行为较为积极，与中、美、印、日四国民众的社会距离都比较近，但存在一定的差异。究其原因，文化背景是造成差异的根源：一方面，尼泊尔文化的形成与发展受多样性地形结构和人文因素的影响，在漫长的历史进程中，尼泊尔一直为诸侯国、土邦割据，塑造了一个个具有地方性和民族性的独立文化单元，最终形成了多种民族共居、多种经济成分并存、多种文化类型互容的多元一体文化格局。正因如此，尼泊尔人对外来文化和外国民族有着较大的包容性，接受程度较高，又因受到宗教限制，多数尼泊尔人不愿意和其他种族结成伴侣，但退一步成为朋友却是可以接受的。另一方面，尼泊尔的地理位置为其与中、印两国的交往提供了天然的有利条件。其中，当地员工与中国人的交往距离最近，这主要由于宗教和传统思想有着相似的文化渊源。据古籍记载，佛教思想最早传入尼泊尔和中国，并在同时期渗透进两国人民的精神文化中。在传统思想观念方面，尼泊尔人突出自然与人、自然与宗教、道德与宗教、伦理与宗教一统的精神，中国人则注重伦理思想和道德观念，素有崇尚自然、爱好和平、道德与宗教和伦理与宗教一统的精神。此外，尼泊尔人强调"忠、孝、慈、爱"，中国人讲究"忠、孝、节、义"，可见两国在传统思想上有其相似之处。①

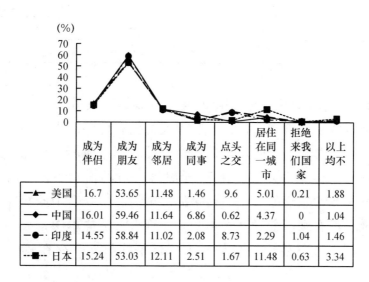

	成为伴侣	成为朋友	成为邻居	成为同事	点头之交	居住在同一城市	拒绝来我们国家	以上均不
美国	16.7	53.65	11.48	1.46	9.6	5.01	0.21	1.88
中国	16.01	59.46	11.64	6.86	0.62	4.37	0	1.04
印度	14.55	58.84	11.02	2.08	8.73	2.29	1.04	1.46
日本	15.24	53.03	12.11	2.51	1.67	11.48	0.63	3.34

图 8 - 1 尼泊尔员工与中美印日四国民众的社会距离分布

在已知员工有着对外交往意愿的基础上，重点探究中资企业中员工拥有的中国朋友的情况，表 8 - 1 显示男女员工之间拥有中国朋友数量的差异情况，可见性别不同会造成巨大差异。每位男性平均拥有1.72 位中国朋友，而女性才拥有 1 位；另外，在 347 个男性样本中拥有中国朋友数量的标准差为 7.18，而 134 个女性样本的标准差仅为2.90，统计数据显示不同性别拥有的中国朋友数量差异显著。各组内最大值、最小值的情况同样论证了这一显著差异——企业中男性拥有的中国朋友数量的最大值远超女性。这主要是受到尼泊尔文化中男性拥有更高的社会、家庭地位的影响，男性在工作中会更开放，也更喜欢交际，相对而言女性则更多从事后勤等的事务，客观上接触的中国人较少。

① 张惠兰：《传统与现代：尼泊尔文化述论》，世界知识出版社 2003 年版，第9 页。

表8-1　　　　　按性别划分的员工在本企业拥有的中国朋友数量差异　　（单位：个）

性别	样本量	均值	标准差	最小值	最大值
男	347	1.72	7.18	0	100
女	134	0.94	2.90	0	25

表8-2比较的是企业中管理人员与非管理人员拥有的中国朋友数量。如表所示，管理人员比非管理人员拥有更多的中国朋友，分别拥有约6个朋友和1个朋友。在管理人员内部，他们各自拥有的中国朋友的数量差异非常显著。在72个管理人员的样本中，有的人与中国人建立了非常广泛的友谊，最多的甚至拥有100个中国朋友，而有的人却几乎没有中国朋友。在409个非管理人员样本中，大部分人拥有的中国朋友数量较少，且都较为接近平均值，不存在较大的个体差异。

表8-2　　　　　管理人员与非管理人员在本企业拥有的
中国朋友数量差异　　（单位：个）

是否为管理人员	样本量	均值	标准差	最小值	最大值
是	72	5.72	14.09	0	100
否	409	0.76	2.90	0	30

事实上，中资企业中的中国人多担任管理角色，员工与中国人交朋友也就是和中国管理者交朋友。尼方和中方的管理人员处在同一社会地位中，他们之间不存在太多的交往壁垒，接触的机会也更多，成为朋友的可能性更高；而尼方普通员工的社会地位相对较低，因为职业地位的不同，他们之间的财富、权力、教育或特权等都有差异，这种社会分层就是造成普通员工与管理人员之间社会距离较远的原因。

表8-3分析了员工在企业内部的社会交往情况，社会交往除了在企业中进行外，还有围绕衣食住行、婚丧嫁娶、礼尚往来进行的日常交往活动，在这些活动中，员工与中国人的交往，进一步体

现两国人民的友好互通。这种深入的交往，更有助于两国人民在发展中增进友谊。男女员工在企业外所拥有的中国朋友数量差异明显，男性拥有的中国朋友数量是女性的一倍多；但是，每位男性拥有的企业外中国朋友的数量差异同样显著。结合表8-1进行比较分析，可以看到尼泊尔员工在企业外拥有的中国朋友数量比企业内的多，主要是因为企业内的中国人数量是固定的，相处方式也较为局限，而在企业外，能够认识的中国人数量没有限制，社交方式也更加多样和灵活，以至出现表8-3中的现象，即男性样本中有个别人拥有700个中国朋友。另外，无论是企业内还是企业外，男女性别上的差异对社会交往的结果产生了重要影响，最后，男性员工拥有的中国朋友数量在企业内外都有着较大的标准差，即他们会因为个体差异造成朋友数量差别巨大。

表8-3　　　　　　　　按性别划分的员工在企业外拥有的
中国朋友数量差异　　　　　　（单位：个）

性别	样本量	均值	标准差	最小值	最大值
男	347	3.95	38.49	0	700
女	134	1.84	9.09	0	100

表8-4对比了管理者和非管理者在企业外拥有的中国朋友数量，可以看到他们拥有的朋友数量差距非常显著，同时管理人员组内数据波动十分明显，标准差高达83.30。将表8-3和表8-4结合分析，我们可以看到，无论社交场所是公司外还是公司内，管理人员都拥有更多的朋友。统计检验显示，不同职业地位的人拥有的中国朋友数量差异显著。

基于上述分析，我们可以得出如下结论：第一，在性别差异上，男性员工的社会交往较广，与中国民众的社会距离较近；第二，在交往场所差异上，在企业外，员工能有更多的社交方式，社会交往更广，交到的中国朋友更多；第三，在社会地位差异上，拥

有更高职业地位的公司管理人员有更多机会和平台接触到中国人，
而普通员工受到客观条件的限制，与高管们在拥有中国朋友数量
上，产生了巨大的差别；第四，有更多机会和中国人交朋友的男性和
高管，在交到的朋友数量上都有更大的随机性和个体差异性，他们的
标准差都相对较大。

表8-4 　　　　　　管理人员与非管理人员在企业外拥有的
中国朋友数量差异 　　　　　（单位：个）

是否为管理人员	样本量	均值	标准差	最小值	最大值
是	72	17.47	83.30	0	700
否	409	0.88	5.94	0	100

第二节　企业评价

　　员工对企业的评价和态度很大程度决定了企业的发展。现代企业
在管理过程中，除了传统的"刚性管理"外，更加注重"柔性管
理"，这是一种人性化的管理方式，尊重员工的独立人格和个人尊严，
可以更好地提高员工对企业的向心力、凝聚力和归属感。[①] 此次研究
依据这种"以人为本"的管理要求，设置了员工的企业评价，分别
从"是否尊重当地风俗习惯""是否尊重宗教信仰""是否喜欢工作
时间"以及"是否得到了与中方员工一样的晋升制度"四个方面考
察员工对于企业的满意度，借以呈现尼中资企业在"柔性管理"方
面的成效。

　　结合图2-3和表8-5来看，调研对象的民族分布存在较大差
异，卡斯族作为尼泊尔最主要的族群，在企业中数量也最多，其次是
尼瓦尔族、马嘉族、塔芒族，人数最少的是塔鲁族，不同族群对于

---

　　① 余绪缨：《柔性管理的发展及其思想文化渊源》，《经济学家》1998年第1期。

"企业尊重本地风俗"的论述表达了不同的态度,总体来说有近七成的人表示同意,但仍有约三成的员工认为企业不尊重本地风俗或是对本地风俗不够尊重,特别是在统计到的 6 个尼泊尔主要种群中,卡斯族和塔鲁族分别有 12.14% 和 16.66% 的人不同意该观点,造成不同种群对于企业"是否尊重本地风俗习惯"的回答不尽相同的主要原因在于尼泊尔的族群众多,不同族群有着不同的民族特性和生活习俗,特别在饮食习惯、礼教仪式、婚俗、丧葬仪式上,各种群间存在一定的差别,企业只能尽可能满足多数人的要求。塔鲁族人数较少,传统的塔鲁族至今仍然保持着三世同堂的联合式大家庭的生活方式,语系纷繁复杂,其在婚俗和丧葬方面,保持着自己的独特方式,这些特殊的生活习惯在企业中容易被忽视或无法满足,因此不满意的人相对更多。

表 8-5　　　　　　　按族群划分的员工是否同意"本企业尊重
本地风俗习惯"　　　　　　　　　　　　　(单位:%)

族群	完全不同意	不同意	一般	基本同意	完全同意
卡斯族	8.57	3.57	20.00	47.14	20.71
马嘉族	0.00	5.36	37.50	30.36	26.79
塔鲁族	8.33	8.33	4.17	33.33	45.83
塔芒族	4.26	4.26	23.4	34.04	34.04
尼瓦尔族	6.33	0.00	26.58	37.97	29.11
卡米族	0.00	0.00	31.25	56.25	12.50
其他	2.61	4.35	21.74	27.83	43.48
总计	5.03	3.56	23.48	37.32	30.61

$N=477$。

表 8-6 反映了不同宗教信仰的员工对于"本企业是否尊重本地风俗习惯"的回答,总体趋势上呈现同意者居多的状态,仅有不到一成的人认为企业不尊重本地风俗(8.58%),有近七成的人表示同意(67.99%),剩下的一部分人态度中立(23.43%)。可见,企业在尊重不同宗教信仰员工的生活习俗方面,基本满足了员工的需求,获得

了员工的认可。另外，不同宗教信仰对"企业尊重本地风俗"这一说法的态度差别不显著，基本呈现相同的趋势，因印度教和佛教人数居多，教派林立，其在生活习惯上存在一定的差异，造成了少部分人认为企业不尊重其宗教习俗。个人的生活习惯有所不同在所难免，企业在满足了尊重绝大部分员工风俗习惯外，也应该注重个体的差异性，对于一些教派中的特殊风俗习惯，应该尽可能地予以支持。

表 8 - 6　　　　　按宗教信仰划分的员工是否同意"本企业
尊重本地风俗习惯"　　　　　（单位：%）

宗教信仰	完全不同意	不同意	一般	基本同意	完全同意
印度教	5.53	3.68	22.89	37.11	30.79
佛教	4.35	4.35	27.54	39.13	24.64
伊斯兰教	0.00	0.00	50.00	0.00	50.00
尼泊尔部落原始信仰	0.00	0.00	100.00	0.00	0.00
其他	0.00	0.00	16.67	37.5	45.83
不信仰任何宗教	0.00	0.00	0.00	50.00	50.00
总计	5.02	3.56	23.43	37.24	30.75

$N = 478$。

从表 8 - 7 可以看出管理人员和普通员工的生活习俗是否受到了企业的尊重，员工的总体态度与上述相同，认为企业尊重或完全尊重本地风俗的人数居多，占比接近总人数的七成，不同意或者完全不同意的员工仅占不到一成。其中，有15.28%的管理者对"企业尊重本地风俗习惯"的表达不认可，而仅有7.39%的普通员工不满意企业做法，管理者不满意的情况较为严重，完全不满意的人数较多。风俗习惯属于上层建筑范畴，通常指各族人民群众有衣着、饮食、居住、生产、家庭、婚姻、丧葬、节庆、娱乐、礼俗等物质生活和精神生活方面的喜好、风气、习尚、信仰、禁忌等，企业中管理者数量较少，且他们往往有着更为精致和高标准的物质生活，也更加追求丰富的精神生活，普通员工群体数量更为庞大且对于物质生活和精神生活的要求相对较低，企业在日常运转和管理活动中，更易满足普通员工的需求。

表8－7 管理人员与非管理人员是否同意
"本企业尊重本地风俗习惯"　　　　（单位：%）

是否为管理人员	完全不同意	不同意	一般	基本同意	完全同意
是	11. 11	4. 17	15. 28	34. 72	34. 72
否	3. 94	3. 45	24. 88	37. 68	30. 05
总计	5. 02	3. 56	23. 43	37. 24	30. 75

$N = 478$。

尼泊尔大部分族群在风俗习惯、文化生活、宗教信仰等方面具有自己民族的特性。在宗教信仰方面，卡斯族绝大多数信奉印度教，且能够和其他异教徒融洽相处，尼瓦尔族信仰印度教和佛教参半，甚至有人同时信仰两个教派，马嘉族除了信仰佛教和印度教外，还有人信仰萨满—普格利以及"门达莱"，塔芒人主要信仰喇嘛教和苯波教，[①]塔鲁族信仰原始宗教，也受到印度教的影响。不同族群在宗教信仰上千差万别，企业在面对员工的众多宗教诉求时，基本可以保证不触犯大多数宗教的规定。

表8－8 按族群划分的员工是否同意
"本企业尊重我的宗教信仰"　　　　（单位：%）

族群	完全不同意	不同意	一般	基本同意	完全同意
卡斯族	8. 57	0. 71	20. 71	44. 29	25. 71
马嘉族	0. 00	8. 93	30. 36	33. 93	26. 79
塔鲁族	4. 17	16. 67	8. 33	16. 67	54. 17

[①] 张惠兰：《传统与现代：尼泊尔文化述论》，世界知识出版社2003年版，第239—272页。

续表

族群	完全不同意	不同意	一般	基本同意	完全同意
塔芒族	2.13	6.38	27.66	31.91	31.91
尼瓦尔族	6.33	0.00	20.25	41.77	31.65
卡米族	0.00	6.25	31.25	37.50	25.00
其他	3.45	2.59	22.41	25.86	45.69
总计	4.81	3.56	22.59	35.36	33.68

$N = 478$。

　　尼泊尔自古以来的统治者都推崇印度教，扶持佛教，两教一直并行不悖地发展，乃至相互融合。除此之外，还有许多其他的宗教共存，尼泊尔尊重一切宗教，成为宗教互尊互容的典范。从表8-9来看，对于"本企业是否尊重我的宗教信仰"的回答，总体趋势上呈现同意者居多的状态，有69.1%的人表示同意，8.35%的人不同意，剩下的一部分人态度中立。由此可见，企业在尊重不同宗教信仰员工的宗教信仰方面，基本满足了员工的需求，获得了员工的认可。另外，不同宗教之间对"企业尊重我的宗教信仰"这一说法的态度差别不显著，同意者居多。这一方面是因为印度教和佛教作为尼泊尔的主要宗教，其宗教习俗广为人知，企业管理者也多知晓和了解其宗教习俗，更易遵守和尊重其宗教习惯。另一方面是因为印度教的主要教派有毗湿奴教派、湿婆教派和性力派，其崇拜的神灵有所不同，但尼泊尔的教徒们既是一神信仰者，又是多神崇拜者，[①] 不同教派之间存在一定的融合性。正因如此，企业可以很好地兼顾不同的教派。至于少数人仍然认为企业不尊重其宗教习俗，也是因为印度教和佛教都有众多的教派，有一定的融合性，也有其差异性，差异性的部分即是企业应该完善和加强重视的部分。

---

　　① 张惠兰：《传统与现代：尼泊尔文化述论》，世界知识出版社2003年版，第89—115页。

表 8 – 9   按宗教信仰划分的员工是否同意
"本企业尊重我的宗教信仰"   （单位：%）

宗教信仰	完全不同意	不同意	一般	基本同意	完全同意
印度教	5.51	3.67	21.78	33.6	35.43
佛教	2.90	4.35	30.43	40.58	21.74
伊斯兰教	0.00	0.00	50.00	0.00	50.00
尼泊尔部落原始信仰	0.00	0.00	0.00	0.00	100.00
其他	0.00	0.00	12.50	50.00	37.50
不信仰任何宗教	0.00	0.00	0.00	50.00	50.00
总计	4.80	3.55	22.55	35.28	33.82

$N = 479$。

从表 8 – 10 中可以看到，不同职务的员工对于"企业是否尊重我的宗教信仰"有着不同的回答，管理者的态度更加鲜明，认为企业尊重自己的宗教信仰的比例和不尊重以及态度中立的占比分别为 69.44%、13.89% 和 16.67%，非管理者的占比分别为 69.05%、7.37% 和 23.59%。企业尊重当地的宗教信仰主要包括尊重其宗教禁忌、宗教行为、宗教派别、宗教礼仪等方面，对于管理者而言，管理人员和非管理人员都能较好地尊重员工的宗教信仰。

表 8 – 10   管理人员与非管理人员是否同意
"本企业尊重我的宗教信仰"   （单位：%）

是否为管理人员	完全不同意	不同意	一般	基本同意	完全同意
是	9.72	4.17	16.67	33.33	36.11
否	3.93	3.44	23.59	35.63	33.42
总计	4.80	3.55	22.55	35.28	33.82

$N = 479$。

衡量员工对企业是否满意的另一个重要方面，就是工作时长，工作时间是劳动者为了履行劳动合同义务，在法律规定的限度内，从事本职工作的时间。[①] 企业是否提供了一个较为合理的作息时间，很大程度上决定了员工在企业的工作效率和工作态度。根据表 7-8 的数据显示，尼泊尔中资企业平均工作时长为每周 6—7 天，工作强度在尼泊尔地区属于平均水平，但相比其他国家强度较大。因此，在表 8-11 反映的不同族群是否同意"喜欢本企业作息时间"中可以看到，大部分尼泊尔员工对公司的工作时间较为满意（66.46%），但仍有少部分人不满意（11.88%），剩下的员工持中立态度（21.67%）。这样高强度的工作在尼泊尔很普遍，因此中资企业员工也较易接受这样的工作时长。不满意的人群中，以塔鲁族（20.83%）、尼瓦尔族（16.25%）和卡斯族（14.29%）为主，这些族群的不满，主要受性格特点、工作性质以及工作强度影响。

表 8-11　　　　　　　　　　按族群划分的员工是否同意
"喜欢本企业作息时间"　　　　　　　　（单位：%）

族群	完全不同意	不同意	一般	基本同意	完全同意
卡斯族	6.43	7.86	18.57	37.86	29.29
马嘉族	3.57	3.57	35.71	35.71	21.43
塔鲁族	8.33	12.50	8.33	45.83	25.00
塔芒族	2.13	10.64	29.79	36.17	21.28
尼瓦尔族	3.75	12.5	16.25	31.25	36.25
卡米族	0.00	0.00	31.25	37.5	31.25
其他	1.71	5.98	20.51	34.19	37.61
总计	3.96	7.92	21.67	35.83	30.63

$N = 480$。

[①] 曾湘泉、卢亮：《标准化和灵活性的双重挑战——转型中的我国企业工作时间研究》，《中国人民大学学报》2006 年第 1 期。

表 8－12 是将企业员工按照宗教划分，以反映不同宗教信仰对企业工作时长的态度，可见尼泊尔的主流教派印度教和佛教均有对工作时间不满意的人群，分别占比为 12.01% 和 15.94%。[①] 印度教的宗教思想，使尼泊尔广大劳动人民抑制了对社会不满的情绪，因此面对较长的工作时间，大部分人也会承担和接受，但也是因为宗教的宣扬，他们大多安贫乐道，一些人也会对长时间的工作产生不满。

表 8－12　　　　　　　按宗教信仰划分的员工是否同意
"喜欢本企业作息时间"　　　　　　　（单位：%）

宗教信仰	完全不同意	不同意	一般	基本同意	完全同意
印度教	4.44	7.57	19.84	35.51	32.64
佛教	2.90	13.04	28.99	37.68	17.39
伊斯兰教	0.00	0.00	0.00	50.00	50.00
尼泊尔部落原始信仰	0.00	0.00	0.00	100.00	0.00
其他	0.00	0.00	29.17	37.50	33.33
不信仰任何宗教	0.00	0.00	50.00	0.00	50.00
总计	3.95	7.90	21.62	35.97	30.56

$N = 481$。

从表 8－13 中可见，管理人员对"是否喜欢本企业作息时间"态度非常鲜明，仅有 11.11% 的人持中立态度，普通员工中持中立态度的人数较多，占比为 23.47%，这也说明在评价企业作息时间时，普通员工没有过多地比较，倾向于保守回答。结合表 7－8 的数据可见尼泊尔大多数（77.78%）管理者平均每周工作 6 天，多数（65.44%）非管理者每周工作 7 天，就工作天数看，管理者相对更少。当然，管理者经常接触其他企业，甚至了解中国企业的工作强度，在此对比下就有更

[①]　《马恩列斯论宗教》，中国社会科学出版社 1979 年版，第 104 页。

多的管理人员对尼泊尔高强度的工作提出不满意见。

表 8 - 13 管理人员与非管理人员是否同意
"喜欢本企业作息时间" （单位：%）

是否是管理人员	完全不同意	不同意	一般	基本同意	完全同意
是	12.50	5.56	11.11	22.22	48.61
否	2.44	8.31	23.47	38.39	27.38
总计	3.95	7.90	21.62	35.97	30.56

$N = 481$。

合理的晋升制度能促进企业的发展并提高员工的职业满意度，但若晋升结果不公平，则会增加员工的离职意向。从表 8 - 14 中可以看出，尼方员工在回答"中外员工是否有一致的晋升制度"时，只有少部分人基本同意该观点（19.41%），极少部分人表示完全同意（4.97%），而不同意该观点或者完全不同意的人占比高达 30.93%，高于同意该观点人数 6.55 个百分点，同时，还有近一半的人对此观点持有保留态度（44.70%）。有理由认为，尼泊尔中资企业在晋升机制的设定上，没有做到对中外员工一视同仁。据走访了解到，在尼中资企业处于管理层的大多为中方员工，特别是在国营性质的企业，这一现象尤为突出。造成这一现象的主要原因有：企业中尼方人员晋升意识薄弱，企业治理制度和治理机构不合理，人力资源管理部门缺乏专业的服务人才以及尼泊尔员工素质较低，能力有限，因此其获得晋升的机会受到了一定的限制。从不同族群对这个问题的回答来看，卡米族、塔芒族和卡斯族的不满意情绪较为突出，尼瓦尔族有相对较多的人同意这一说法，这与民族性格、社交环境、工作性质等众多因素有关。

表 8 – 14　　　　　按族群划分的员工是否同意"中外员工晋升制度一致"　　（单位：%）

族群	完全不同意	不同意	一般	基本同意	完全同意
卡斯族	12.98	21.37	40.46	21.37	3.82
马嘉族	1.96	27.45	49.02	15.69	5.88
塔鲁族	9.09	22.73	45.45	18.18	4.55
塔芒族	8.89	28.89	44.44	11.11	6.67
尼瓦尔族	7.25	23.19	42.03	26.09	1.45
卡米族	0.00	37.50	43.75	12.50	6.25
其他	3.67	20.18	49.54	19.27	7.34
总计	7.45	23.48	44.70	19.41	4.97

$N = 443$。

表 8 – 15 反映了不同宗教信仰的员工对于企业晋升制度的看法，可以看到各宗教之间存在显著的差异。印度教和其他教派趋势大致相同，均有超过三成的员工认为中外员工晋升制度不一致，而有不足三成的人认为晋升机制是公平的，剩下四成左右的员工则对此持有中立态度；佛教中，认为晋升制度一致和不一致的员工分别占 34.85% 和 12.13%，有 53.03% 的人对此没有发表倾向性观点；对于伊斯兰教员工，结合第二章的数据可知，此题中提供有效答卷的伊斯兰教员工有 2 人，一个人对此持中立态度，另一个人完全不同意"中外员工晋升制度一致"的说法，但鉴于其样本的局限性，伊斯兰教员工的态度不具有普适性。

表 8 – 15　　　　　　　　按宗教信仰划分的员工是否同意
"中外员工晋升制度一致"　　（单位：%）

宗教信仰	完全不同意	不同意	一般	基本同意	完全同意
印度教	7.65	22.38	43.06	21.81	5.1
佛教	6.06	28.79	53.03	7.58	4.55
伊斯兰教	50.00	0.00	50.00	0.00	0.00
其他	4.76	28.57	38.1	19.05	9.52
不信仰任何宗教	0.00	0.00	100.00	0.00	0.00
总计	7.43	23.42	44.59	19.37	5.18

$N = 444$。

从表 8 - 16 中可以看出，管理人员和普通人员在回答"中外员工晋升制度是否一致"的问题时，答案也存在较大的差异。值得关注的是，作为受到企业提拔的尼方管理人员，在回答这个问题时，却有超过四成的人（43.94%）认为晋升机制的设定在中方员工和尼方员工中存在较大的不一致性，其已经作为管理人员，都不赞同这一观点，更凸显企业晋升不公平的问题。

表 8 - 16　　管理人员与非管理人员是否同意"中外员工晋升制度一致"

（单位：%）

是否是管理人员	完全不同意	不同意	一般	基本同意	完全同意
是	15.15	28.79	30.30	13.64	12.12
否	6.08	22.49	47.09	20.37	3.97
总计	7.43	23.42	44.59	19.37	5.18

$N = 444$。

综上，我们可以得出以下结论：第一，尼泊尔的中资企业在柔性管理方面表现较好，尊重大部分人的风俗习惯、宗教信仰。虽然有着较长的工作时间，但由于尼泊尔境内的整体工作环境都是如此，企业没有过度加班的情况，因此较多的人对于工作时长也较为满意。但是，有接近一半的人不满意现行的企业晋升机制，认为自己没能得到和中国员工一样公平晋升的待遇。第二，按族群来划分，可以看到塔鲁族因为人数较少，企业难以顾及其特殊的风俗习惯，其信奉的原始宗教，也容易受到忽视，他们对工作时长也较为不满。企业在照顾大多数人的需求外，也应该对像塔鲁族这样的少数民族群体加以关注。按宗教信仰来划分，尼泊尔的主要宗教教派印度教和佛教在回答"企业是否尊重自己的风俗习惯和宗教信仰，是否满意企业的工作时长以及是否满意公司晋升制度"时，都有着较为相似的答案，认为企业基本尊重了自身的风俗与宗教，对公司晋升制度的认同度则一般。按员工职务划分，管理人员认为公司的柔性管理做得不够好，不满意柔性管理的人数占比大于普通员工。企业在未来的管理过程中，应该多关注尼泊尔管理人员的需求，对其风俗习惯、宗教信仰、工作与休息时间以及其晋升通道予以更多重视。

第 九 章

媒体与文化消费

第一节　互联网和新媒体

　　媒体泛指大众传播媒介，即所有面向公众登载、传播信息的各种介质。在尼泊尔，媒体的主要形式有报纸、杂志、图书等平面媒体和广播、电视、互联网等电子媒体。互联网和新媒体是对传统媒体的重要补充。中国信息的对外传播需要大力依靠当地媒体和中国媒体，甚至人也是一种传播媒介。人与人之间可以通过语言、自媒体等途径进行信息传播，传播的内容和效果将直接影响尼泊尔民众对中国的态度，甚至影响"一带一路"倡议在尼泊尔的实践。本节将重点关注尼泊尔民众获取中国信息以及主流舆论信息的媒介，试图探寻媒体在讲述中国故事时存在的问题，提出促进中国声音在尼泊尔传播的良好途径。

　　从图9-1可知，近一年来，中资企业尼方员工了解中国信息的渠道多样。总体而言，本国电视（58.84%）、本国网络（50.31%）和本国报纸杂志（41.79%）的宣传渠道是最有效的。中国传统媒体（9.36%）和中国新媒体（7.90%）在尼泊尔的受众较少。有近两成受访者（19.96%）表示可以通过企业内部员工了解中国的信息，但较少通过企业内部文字和图片（3.53%）了解中国。尼泊尔当地报刊成为员工了解中国信息最多的渠道。纵观报刊在尼泊尔的发展历史，从起步至今的百余年间，由于拉纳家族对新闻出版的限制，出现过较长时间的停滞，直至20世纪90年代开始，尼泊尔的报刊媒体才得以迅速发展。在尼泊尔发行量最多、影响最大的私媒报纸是从1993年开始发行的《坎蒂普尔报》和《加德满都邮报》，仅次于官方的《廓尔喀报》。此外，《喜马拉雅》、《今日加德满都》、《消息报》、《新兴尼泊尔报》、《记者》、《商业时代》等报刊也在当地具有一定的影响力。由于尼泊尔实行宽松的新闻政策，报刊业受到较少的制约，得以快速发展。随着尼泊尔人民生活水平的提高，信息技术文化将不断普及，会有更多的人通过网络接收来自世界各地的信息，使网络成为他们了解世界的有效途径。

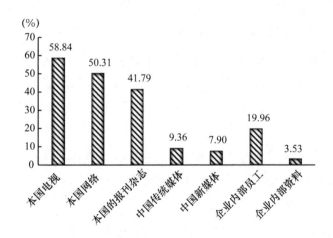

图9-1　近一年内员工了解中国信息的渠道分布（多选题）（N=481）

目前，我国在对外宣传中主要采取以央视为代表的传统媒介和以人民网为代表的新媒体共同进行。央视作为中国最权威的主流媒体，是传播中国信息，讲述中国故事的主力军，通过新闻、电视剧、纪录片等多种形式进行传播；人民网是《人民日报》旗下为推动媒体融合所开创的，肩负着宣传主流舆论的重担，主要是报道一些中外合作案例、采集中国优秀企业、个人的故事进行宣传。但是，中国媒体圈于客观条件无法在尼泊尔传递更多的中国信息，因此应该加快中国媒体与当地媒体的合作，同时借助在尼中资企业的力量，加强中国信息在尼泊尔的宣传力度。目前看来，员工们没能从企业内部张榜的公告、发布的通知或消息中获取过多的信息，可见企业在宣传中国文化，传递中国精神方面还有潜力挖掘。

　　除当地媒体外，中资企业内的传播也是最快捷、直接的方式。但是，目前看来，员工们没能从企业内部张榜的公告、发布的通知或消息中获取过多的信息，可见企业在宣传中国文化，传递中国精神方面做得不到位。从图9－1可以看到，中国媒体没能很好地发挥应有的宣传作用，无论是传统媒体还是新媒体在传播中国信息时，都出现了一定的难度。目前，我国在对外宣传中主要采取以央视为代表的传统媒介和以人民网为代表的新媒体共同进行。央视作为中国最权威的主流媒体，是传播中国信息，讲述中国故事的主力军，通过新闻、电视剧、纪录片等多种形式进行传播；人民网是《人民日报》旗下为推动媒体融合所开创的，肩负着宣传主流舆论的重担，主要是报道一些中外合作案例、采集中国优秀企业、个人的故事进行宣传。但是，中国媒体囿于客观条件无法在尼泊尔传递更多的中国信息，因此应该加快中国媒体与当地媒体的合作，同时借助在尼中资企业的力量，加强中国信息在尼泊尔的宣传力度。

　　表9－1反映了在近一年内，员工从尼泊尔当地媒体中看到的中国新闻的主要内容，接近九成的员工表示看到过中国援助本国修建道路、桥梁、医院和学校的新闻（87.06%），超过八成的员工看过尼泊尔学生前往中国留学的新闻（81.34%），接近七成的员工看过中国大使馆对尼泊尔捐赠的新闻（69.20%），而仅有不到六成的人表示看到过中国艺术演出的新闻（55.20%）。可以看出，中国对尼泊尔基础设施的援助和对教育的支持得到了广泛的传播，而大使馆的捐赠和艺术演出没有得到广泛的传播，特别是中国的艺术演出。艺术演出是宣扬中国文化、传播中国艺术的机会，需要依靠媒体的力量进行

传播。因此，在之后的艺术演出活动中，应该重视宣传途径，扩大活动的影响力，借此提升我国的软实力。

表9-1　　　近一年内员工是否从尼泊尔媒体收看中国相关新闻的状况

（单位：个、%）

相关新闻	样本量	是	否
中国大使馆对本国的捐赠新闻	474	69.20	30.80
中国援助本国修建道路、桥梁、医院和学校的新闻	479	87.06	12.94
本国学生前往中国留学的新闻	477	81.34	18.66
中国艺术演出的新闻	471	55.20	44.80

从图9-2中可以看到，男性和女性在了解中国信息的渠道上既有共性，又存在一定的差异性。他们多从国内电视、网络、报刊杂志和企业内部员工相互交流中获取信息，而鲜少通过中国媒体和企业内部资料获取。女性相对男性更倾向于从国内电视与网络获取关于中国的信息，但总的来说，性别差异对获取中国信息的渠道的影响不大。

图9-3反映了不同年龄段的受访者获取中国信息渠道的趋势和差别。如图所示，尼泊尔本国电视、网络、报刊杂志和企业内部员工是传播中国信息力度较大的渠道。从不同年龄段来看，16—25岁和26—35岁两个年龄段的员工了解中国的渠道较为相似，36岁及以上的受访者通过网络和报刊杂志获取中国信息的比例比其他年龄段稍低，他们也更少通过国外（中国）新媒体来获取信息。

图9-4反映受教育程度不同的受访员工了解中国信息的渠道差别。如图所示，了解渠道的总体趋势同上述结论，但是学历不同，在选择信息渠道上的确存在一定的差异。相对而言，通过企业内部员工道交流的方式获取中国信息的频次会随着受教育程度的增加而减少，而通过本国报刊杂志、本国网络、本国电视了解中国的情况则随着教育程度的增加而增加。高学历者更倾向于通过电视、网络、报刊杂志

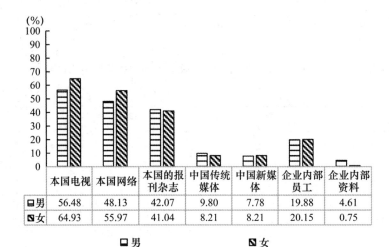

图 9 - 2　按性别划分的近一年内员工了解中国信息的渠道分布
（多选题）（N = 481）

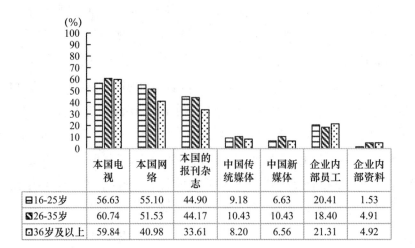

图 9 - 3　按年龄组划分的近一年内员工了解中国信息的渠道分布
（多选题）（N = 481）

了解中国，同时也相对更多地接触中国的媒体。而小学及其以下学历者，更主要通过本国电视和企业内部员工交流等传统方式了解中国，较少阅读报刊杂志，更少接触中国媒体。

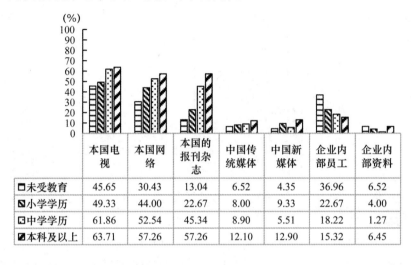

	本国电视	本国网络	本国的报刊杂志	中国传统媒体	中国新媒体	企业内部员工	企业内部资料
☐未受教育	45.65	30.43	13.04	6.52	4.35	36.96	6.52
◧小学学历	49.33	44.00	22.67	8.00	9.33	22.67	4.00
☐中学学历	61.86	52.54	45.34	8.90	5.51	18.22	1.27
▨本科及以上	63.71	57.26	57.26	12.10	12.90	15.32	6.45

☐ 未受教育　　◧ 小学学历　　☐ 中学学历　　▨ 本科及以上

图 9 - 4　按受教育程度划分的近一年内员工了解中国信息的渠道分布
（多选题）（$N = 481$）

图 9 - 5 反映了收入水平高低对受访者了解中国的信息渠道的影响，可以看到，高收入群体（月收入超过 35000 卢比）的受访者倾向于优先通过本国电视、网络、报刊杂志来获取中国信息，相对来说也更愿意通过中国媒体、中资企业内部员工交流、内部资料等方式获取更多的信息。对于低收入群体（月收入低于 14000 卢比）的受访者来说，同样热衷与通过本国电视、网络和报刊杂志获取中国的信息，这部分群体也最愿意通过企业内部员工交流的方式获取更多信息，较少通过中国媒体或企业内部资料获取信息。对于中等收入的群体（月收入 19800—24600 卢比），相对更愿意通过本国网络获取中国信息，这部分群体也更乐意通过企业内部员工交流的方式获取信息。

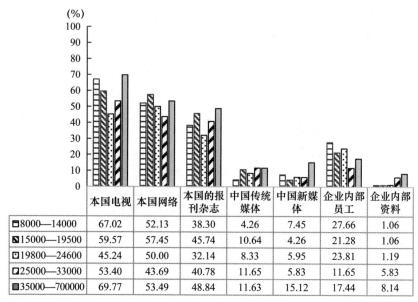

	本国电视	本国网络	本国的报刊杂志	中国传统媒体	中国新媒体	企业内部员工	企业内部资料
⊟8000—14000	67.02	52.13	38.30	4.26	7.45	27.66	1.06
⊠15000—19500	59.57	57.45	45.74	10.64	4.26	21.28	1.06
⊡19800—24600	45.24	50.00	32.14	8.33	5.95	23.81	1.19
◩25000—33000	53.40	43.69	40.78	11.65	5.83	11.65	5.83
■35000—700000	69.77	53.49	48.84	11.63	15.12	17.44	8.14

⊟ 8000—14000　⊠ 15000—19500　⊡ 19800—24600　◩ 25000—33000　■ 35000—700000

图 9 - 5　近一年内按月收入划分的员工了解中国信息的渠道分布（N = 461）

第二节　文化消费

文化消费是指对精神文化类产品及精神文化性劳务的占有、欣赏、享受和使用等，文化消费是以物质消费为依托和前提的。文化消费需求的增长总是受制于社会生产力水平的发展，因而文化消费水平能够更直接、更突出地反映出现代物质文明和精神文明的程度。文化消费如今已成为人们生活中很重要的部分，某种程度上，文化消费已经是一种存在方式，一种获取认同的方式。[①] 文化消费除了受到消费者个人因素，包括收入水平、受教育程度、消费时间、职业、年龄、

---

① 杨晓光：《关于文化消费的理论探讨》，《山东社会科学》2006 年第 3 期。

性别、婚姻状况等的影响外，还受到制度和政策性因素以及市场机制因素方面的影响。① 本次对尼泊尔的文化消费的研究重点考察观看电影/电视剧和收听音乐的国别倾向，并根据民众个人偏好和政策因素选取了中国、日本、韩国、印度和美国作为国别组，分析尼泊尔民众的文化消费偏好，并概括中国在尼泊尔文化输出的大致情况。

正如表9-2所示，受访者对于中、日、韩、印、美各国电影/电视剧存在一定的偏好。印度电影/电视剧最受当地人喜欢，绝大部分尼泊尔员工会看印度电影/电视剧（95.43%），甚至有超过一半的人表示经常看或频繁观看（63.62%）。究其原因，这与尼、印两国的地理、历史和族群有关。在印度贵霜王朝后期，居住在印度贝沙里的里查维人迁入尼泊尔，带来了印度的语言、文字、艺术、行政管理等社会文化和政治文化，中世纪和近代又不断有印度人移民入尼，至今尼泊尔和印度之间都有许多名称相同的民族，所以具有印度血统的尼泊尔人，以及与印度有亲属关系的尼泊尔人，数量可观。另外，尼泊尔电影公司经常进口印度影片，并与印度影视公司合作拍摄电影，使尼泊尔当地印度电影数量较多，员工能看的印度电影也很多。

表9-2　　　　员工观看不同国家的电影/电视剧的频率分布　　　　（单位：%）

频率	华语电影/电视剧 N=481	日本电影/电视剧 N=481	韩国电影/电视剧 N=481	印度电影/电视剧 N=481	美国电影/电视剧 N=481
从不	38.88	68.61	58.84	4.57	26.82
很少	16.63	11.43	10.60	4.16	9.77
有时	35.97	17.05	24.74	27.65	36.59
经常	5.82	2.29	3.95	27.86	16.84
很频繁	2.70	0.62	1.87	35.76	9.98

---

① 欧翠珍：《文化消费研究述评》，《经济学家》2010年第3期。

唯一能和印度电影/电视剧形成竞争的是美国电影/电视剧。大部分员工表示看过美国电影/电视剧（73.18%），但其中有近四成表示仅仅是有时看（36.59%），观看的频率远不及印度电影/电视剧。超过一半的受访者回答看过华语电影/电视剧（61.12%），但观看频率不及美国，由于受访者均为中资企业员工，接触中国影视的机会较多，此处数据存在虚高的问题，不能够代表全体尼泊尔人的偏好。至于韩国和日本影视的受众都较小，分别仅有41.16%和31.39%的人表示看过。电影/电视剧是一个文化的重要组成部分，它能生动地体现该国的文化和民族特点，例如美国电影常体现出反传统精神，追求大众趣味，通俗易懂的同时关注社会和现实，表演干脆利落；中国电影擅长将中国的传统思想观念和导演、编剧的人生态度融入其中，起到普世教育的作用；韩国电影有其独树一帜的风格，在废除了电影审查制度后，电影基调多冷峻、压抑、悲伤，题材也多为政治、情色、暴力和犯罪，揭示冰冷黑暗的现实；日本电影则倾向于文艺片，描写社会问题的作品较多。正因为各国之间的这种文化的差异，所以外国影视作品难以进入尼泊尔本地。最后，这几国电影的入驻困难也受到国际关系、制度、翻译等因素的影响。

表9-3反映的是员工对不同国家音乐的喜爱程度，可以看到在481份样本中，仅有印度音乐是所有人都表示听过的，其他国家的音乐或多或少有员工表示没有听过，其中日本音乐只有467人表达了自己的喜好，有14人表示无法评价，我们可以认为其没有听过日本音乐。各国音乐中，有超过八成的尼泊尔民众表达了对印度音乐的喜爱，其次是美国音乐（48.65%），之后是华语音乐（17.86%）、韩国音乐（10.78%），最后是日本音乐（4.93%）。尼泊尔人在音乐上的偏好十分明显，大部分人喜欢印度音乐，可以接受美国音乐，华语音乐、韩国音乐和日本音乐则不受欢迎。原因在于尼泊尔专业的音乐的创作遵循印度古典音乐理论，民间音乐多作为歌舞的载体，受印度音乐的影响较多，而其他国家的音乐在旋律、风格、词调、使用场合

都与尼泊尔音乐相差巨大，因此不受大部分人的喜爱。

表9－3	员工对不同国家音乐喜爱程度的频率分布			（单位：%）	
喜欢程度	华语音乐 N = 476	日本音乐 N = 467	韩国音乐 N = 473	印度音乐 N = 481	美国音乐 N = 479
非常喜欢	3.78	0.00	1.90	42.00	15.66
喜欢	14.08	4.93	8.88	38.05	32.99
一般	43.07	34.69	37.00	16.84	29.23
不喜欢	17.02	27.84	22.62	2.08	10.02
非常不喜欢	22.06	32.55	29.60	1.04	12.11

综上，尼泊尔人民在文化消费方面，更倾向于印度文化产品和美国文化产品，华语电影和华语音乐短期内难以成为其主流的文化消费产品。但是，中国和尼泊尔自古就有着亲密的友好关系和频繁的文化交流，并保持了1600余年，中尼两国的佛教文化交相辉映，联姻结亲巩固邦交，有这样的文化交流渊源，加之尼泊尔的开放包容，中国与尼泊尔的文化产品贸易将越发频繁，两国的关系在此促进下，也将越来越密切，走向持续的发展之路。

第 十 章

品牌与社会责任

第一节 中国品牌

本节调查中国品牌在尼泊尔的影响力，观察性别、受教育程度、网络使用对于尼泊尔员工对本企业外的中国产品品牌认知情况的影响。

图 10-1 通过柱状图直观地反映出不同性别的尼泊尔员工对中国产品品牌的认知情况。总的来说，中国品牌在尼泊尔的知名度不高，整体影响力不足。具体到性别差异，女性对中国产品品牌的了解程度明显高于男性，但仍然有 61.19% 的女性受访者对中国品牌不了解，至于男性，则有高达 70.14% 的受访者不知道任何中国产品。

从图 10-2 可以看到受教育程度对于尼泊尔员工对中国品牌认知度的影响极大。总的样本中，近七成的受访者不了解中国产品品牌（67.64%）。但在本科及以上学历的群体中，情况完全相反，大多数受访者知道中国品牌，远高于其他学历的群体（73.98%）。在小学及以下学历的受访者中，超过九成的受访者没听说过中国品牌（93.33%）。

是否在中资企业担任管理职务，对于中国产品品牌的认知状况影响也非常大。正如图 10-3 所示，管理人员中 75% 的受访者知道中国品牌，而非管理人员的情况恰好相反，有 75.18% 的受访者不知道中国品牌。通常而言，管理人员也是受教育程度较高的群体，同时他们参

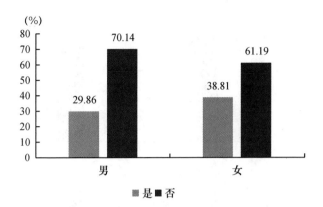

图 10－1 按性别划分的员工对本企业外的中国产品
品牌的认知状况（N＝479）

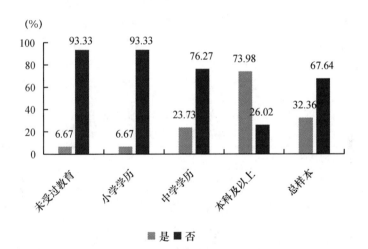

图 10－2 按受教育程度划分的员工对本企业外的中国
产品品牌的认知状况（N＝479）

与中资企业的管理与运营，自然会更关注中国的情况，包括中国产品
品牌。

调研还发现，网络使用情况影响受访者对中国品牌的认知状况。
总的来说，经常上网的人比不怎么上网的人更多地了解中国产品品

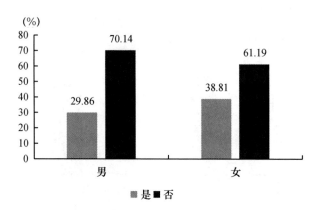

图 10 - 3　管理人员与非管理人员对本企业外的中国产品
品牌的认知状况（N = 479）

牌。一天上网数小时的受访者中，有超过四成的人知道中国产品品牌
（47.01%）。这说明，网络中会时常有中国产品品牌的广告或者相关
的信息，可见网络宣传是推广中国产品、提升中国产品影响力的一个
重要渠道。

表 10 - 1　　　　　　按上网频率划分的员工对本企业外的中国
产品品牌的认知状况　　　　　（单位：%）

上网频率	是	否
一天几个小时	47.01	52.99
一天半小时到一小时	40.00	60.00
一天至少一次	20.00	80.00
一周至少一次	16.67	83.33
一个月至少一次	50.00	50.00
一年几次	0.00	100.00
几乎不	0.00	100.00
从不	13.10	86.90
总计	32.36	67.64

N = 479。

当让受访者具体列举其知道的中国产品品牌时，男性受访者列举的最多的 4 个品牌依次是华为（12.97%）、小米（4.32%）、OPPO（4.03%）与 vivo（0.29%）。这反映出中国的通信与手机行业在尼泊尔有一定的知名度。

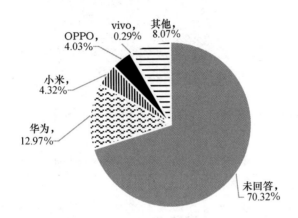

图 10-4 男性员工印象最深的中国企业分布 (N = 347)

女性员工对中国企业的印象，与男性员工大致相同。她们列举的主要品牌也依次为华为（12.69%）、小米（9.7%）、OPPO（5.97%）与 vivo（1.49%）。另外，相比男性来说，女性受访者对于小米和 OPPO 的印象更深。

从表 10-2 可以看到上网频率影响员工对中国企业的印象。总的来说，经常上网的受访者了解更多的品牌。例如，一天上网几个小时的受访者中，有 9.79% 的人知道华为、小米、OPPO、vivo 以外的其他品牌，一天上网半小时到一小时的受访者中，有 16.67% 的人对上述 4 个企业以外的中国企业印象最深。另外值得注意的是，较少上网乃至从不上网的受访者，对华为、小米、OPPO 也有一定的认知度。

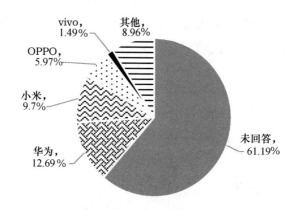

图 10 - 5　女性员工印象最深的中国企业分布（N = 134）

表 10 - 2　　　　　　　按上网频率划分的员工印象最深的中国企业分布　　　（单位：%）

上网频率	未回答	华为	小米	OPPO	vivo	其他
一天几个小时	53.19	20	8.09	7.66	1.28	9.79
一天半小时到一小时	60.00	16.67	6.67	0.00	0.00	16.67
一天至少一次	80.25	7.41	3.70	3.70	0.00	4.94
一周至少一次	83.33	8.33	0.00	0.00	0.00	8.33
一个月至少一次	50.00	25.00	25.00	0.00	0.00	0.00
一年几次	100.00	0.00	0.00	0.00	0.00	0.00
几乎不	100.00	0.00	0.00	0.00	0.00	0.00
从不	86.90	1.19	3.57	1.19	0.00	7.14
总计	67.78	12.89	5.82	4.57	0.62	8.32

N = 481。

　　综合上述几张图表，可以看到中国企业与中国品牌在尼泊尔的认知度是较低的，尤其是通信与手机行业以外的企业和产品，还很少有知名度较高、影响力较大的品牌。这有两方面的原因：一方面，是尼泊尔自身国情决定的，尼泊尔的工业化、城市化与全球化进程都还处于尚未起步的阶段，民众的消费水平也还处于较低的状况，这导致民众对中国企业和中国品牌了解和需求较少的状况。随着尼泊尔整体发展进程的推进、中尼关系的进一步密切、教育普及程度的提高以及网络使用频率的增加等，尼泊尔民众对中国产品的需求与了解会相对提升。另一方面，中国企业和中国产品在尼泊尔的宣传力度还不够，这与中国企业自身的重视程度有关。目前，中国企业和中国产品在世界范围已经有了较高的知名度和影响力，即便是在大多数南亚国家，也有着良好的产品宣传，比如在印度机场、高速公路、商城、大街小巷随处可以看到 OPPO、vivo 等企业的宣传广告。但是，在尼泊尔，虽然在街上偶尔可以看到一些中国企业的店铺，但是较少看到大型的宣传广告，这也许是因为尼泊尔市场小、民众消费能力不足，导致中国企业在投入与宣传方面的力度有限。

第二节　企业社会责任

本节的两张图表是关于中资企业在尼泊尔当地的社会责任问题的，通过分析尼泊尔员工对于中资企业在尼泊尔开展援助项目的认知情况，以及他们对本企业在当地开展援助类型的期待，在一定程度上为中资企业反思当前援助的情况，以及未来如何肩负起企业在海外的社会责任问题提供一定的借鉴意义。

当被问及最希望本企业在当地开展何种类型的援助时，受访者的答案千差万别，覆盖了卫生援助、基础设施援助、文体交流活动、水利设施、公益慈善捐赠、社会服务设施、电力设施、文体设施、寺院修建等方方面面的内容，其中受访者最为关注的领域是教育援助（77.96%）、卫生援助（68.61%）、培训项目（45.32%）与基础设施援助（38.05%）。受访者对于修建寺院、文体交流活动、文化体育设施等关注度较低。

表 10-3 则反映了受访者对中资企业在尼泊尔开展援助项目的认知情况。从表中可以看出，总体来说受访者对中资企业在尼援助项目

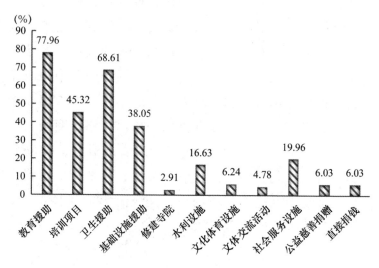

图 10 - 6　员工最希望本企业在本地开展的援助类型分布
（多选题）（N = 481）

的了解极为有限，绝大多数受访者选择了"没有"或者"不清楚"。此外，还可以看到受访者对不同类型援助项目的认知情况，相对来说，认知程度排在前五的分别是基础设施援助（21.83%）、教育援助（21.21%）、卫生援助（18.30%）、金钱与实物捐赠（17.08%）和培训项目（16.63%）。至于尼泊尔员工非常关注的文化体育设施和问题交流活动，只有一成左右的受访者表示中资企业有相关方面的援助项目。

表 10 - 3　　　　员工对本企业在本地开展援助项目类型的认知状况　　（单位：%）

类别	有	没有	不清楚	合计
教育援助	21.21	68.19	10.60	100.00
培训项目	16.63	74.84	8.52	100.00
卫生援助	18.30	74.01	7.69	100.00
基础设施援助	21.83	71.1	7.07	100.00

类别	有	没有	不清楚	合计
修建寺院	11.02	79.00	9.98	100.00
水利设施	12.06	77.75	10.19	100.00
电力设施	16.42	74.64	8.94	100.00
文化体育设施	10.81	80.87	8.32	100.00
文体交流活动	11.43	80.25	8.32	100.00
社会服务设施	10.00	81.46	8.54	100.00
以钱或实物形式进行公益慈善捐赠	17.08	73.33	9.58	100.00

$N = 481$。

对比图 10 - 6 和表 10 - 3，有两点值得注意。第一，中资企业在尼泊尔的援助项目在尼泊尔受访者中的认知度不是很高。这与调研团队了解到的实际情况是有出入的，通过调研前期的文献研究与调研期间的实地观察与访谈，我们了解到中资企业在尼的援助项目是相对较多的，援助力度也较大。但是为什么从数据反映出来的情况不理想？这些在中资企业工作的尼泊尔员工，绝大多数表示不知道本企业参与了相关的援助项目。这有两方面的原因：一是本调研取样广泛，除了央企，还包括大量的民企与微小企业，一般来说央企更多地参与援助项目，而民企和微小企业不一定会有类似的援助活动；二是中资企业在开展援助活动时，宣传的力度有待增强，宣传的方式也有待改善。

第二，中资企业实际援助项目的类型与尼泊尔受访者的期许之间存在差异。表 10 - 3 反映出的情况与调研团队在尼泊尔实际了解到的情况相近，中资企业主要援助项目类型是基础设施、水电以及金钱捐赠。而从图 10 - 6 可以看到，尼泊尔受访者更关注的领域是卫生与教育方面。事实上，中资企业目前援助的主要领域均是高投入的项目，比如援建公路、铁路、引水渠道、水电、学校、寺庙修复等，这些项目投入大，因此主要是央企才有这个实力参与。这些领域固然非常重要，但实际上中资企业可以在卫生、教育培训等领域开展更多的"低投入、高收益"的援助项目。所谓"低投入"是指，相对基础设施、水电领域来说，教育、卫生、培训领域的援助可以更多样，资金与时间的投入也更灵活，这可以方便更多的民企和微小企业参与其中，共同肩负起中资企业在海外的社会责任。"高收益"则是指这些援助类型更符合尼泊尔民众的期待，更有助于促进尼泊尔民众对中资企业的正面认知，更有助于推进中尼之间的民心相通。这也是中国"软实力"与"巧实力"提升的关键环节。

第十一章

总结与讨论

本书是在尼泊尔中资企业营商环境与劳动力数据采集的基础之上进行的数据展示与初步分析，主要包括尼泊尔中资企业的投资环境、经营状况、社会责任与企业公共外交，尼泊尔籍员工的就业与收入情况、情感认知与认同等等。

在具体分析数据之前，本书先围绕2015年以来尼泊尔政治经济形势做了宏观上的概述，作为数据分析的背景知识与分析框架。总的来说，在经历了较长时间的政治动荡之后，尼泊尔的政治局势逐渐走向稳定，当前虽然还面临来自内部政党与外部地缘政治的影响，但出现大规模政局动荡的可能性很小。与之相比，尼泊尔的经济表现仍没有明显改善的迹象，经济结构仍然是农业为主，旅游业为代表的服务行业发展很快，工业增长缓慢。外交方面，尼泊尔保持同印度传统关系的基础之上，积极加强与中国的关系，同时努力拓展与美、日、欧盟等国家的全面友好关系。

随着尼泊尔国内政治局势的稳定，加上尼政府积极响应中国"一带一路"倡议，鼓励外国投资，近年来中国赴尼投资有所增加。但受制于尼泊尔经济体量，与其他"一带一路"沿线国家相比，中国在尼投资的企业数量与规模都相对有限。本书根据商务部备案的驻尼中资企业名录，参照世界银行和员工调查的标准（置信度1.64；误差7.50%），涵盖尼泊尔境内不同地区、不同行业的42家中资企业、481名尼方员工。第二章中详细介绍了调研方案并描述了企业数据和员工数据。本次调研的企业从行业类型、规模大小、控股情况、母公司类型，基本符合目前在尼中资企业的基本状况；从受访员工来看，也涉及了不同性别、年龄段、族群、宗教信仰、受教育程度的员工，在受访企业中工作的年限、担任的职务也各有不同，具有一定的代表性。

本书第三到六章，整合 42 份企业问卷采集的数据，试图客观地揭示尼泊尔中资企业生产经营中面临的风险、困难、社会责任以及企业形象的塑造等问题。第三章是关于尼泊尔中资企业生产经营状况的分析。可以看到，尼泊尔中资企业的两种主要控股形式分别是中国私人控股和中国国有控股，尼泊尔私人或国有控股的比例非常少；从企业公司类型来看，国有企业占了七成还多，主要是一些大型基础设施项目和水电项目需要强大的国内母公司的支持，大多为国有企业，另外也有为数众多的私人投资企业，逐渐具备了一定的影响力与竞争力。

尼泊尔中资企业的生产状况基本上遵守尼泊尔劳动法的规定与当地习俗，每周工作 6 天、每天工作时间在 6—8 小时的居多；企业生产的产品主要面向尼泊尔国内，销往中国或其他国家的较少；企业产品的定价方式主要依靠市场定价与成本定价；中资企业面临的竞争对手主要来自其他外资同行，包括其他同类的中资企业；而竞争的压力来源主要是产品质量的竞争；企业的运营时间超过 5 年以上的，承担建筑、电力、公路、水电项目更多，而航运等其他项目更多由运营时间少于 5 年的企业承担；另外，还可以看到中资企业普遍对尼泊尔政府的履约程度表示不满；在尼中资企业的销售渠道比较传统，仅有少数服务业企业尝试开拓互联网等新兴销售渠道；企业较少通过电视广告来宣传，尤其是工业企业几乎不做电视广告宣传；在尼中资企业主要依靠母公司拨款、中国国内银行贷款等方式融资，资金主要来自中国。

第四章具体揭示了尼泊尔的营商环境，特别是用水、用电、用网、用地、签订合同、进口许可、税收征收等方面的具体情况，以期揭示中国企业投资的风险。数据直观地反映出，尼泊尔中资企业用水较为便利，用电、用网通常需要提出申请，而且时常需要支付额外的非正规费用；尼泊尔的断电率和断网率非常高，经开区在供水供电和网络方面不仅没有优势，反而情况更糟，用电难以保障对于工业的影响极大。在税收方面，税务方面的非正规支付仍然存在，但不是很严重，反而是经开区的企业经常面临税务机构的非正规支付；在进口许可的申请方面，中资企业也面临一定程度的非正规支付，经开区的企业进行非正规支付的比例高达100%，远高于不在经开区的企业。另外，在尼泊尔招募员工、专业技术人员、管理人员都面临着不同程度的困难，对企业的生产经营也带来了不同程度的影响。另外，尼泊尔的政治环境、腐败现象、政府管制与审批、党派斗争也是中资企业面临的主要挑战。大多数中资企业在赴尼投资之前进行了可行性调研，主要的调研内容包括市场竞争调查、尼泊尔外国直接投资法律法规以及宗教文化方面的调研，对于劳动力素质等其他方面的考察相对较少。企业对未来1年内面临的主要风险做了预判，工业行业最主要的风险来自市场竞争的上升与政府政策限制的加强，服务业的风险来自市场竞争、政治环境变化。

第五章考察了尼泊尔中资企业的雇佣行为与劳动风险。从尼泊尔中资企业员工的构成上来看，尼泊尔籍员工与中国员工的比例约为7∶2，尼泊尔员工多为一线员工，中方员工多为管理人员；企业员工的流动性随着企业规模的扩大，呈现越发频繁的趋势。中国派到尼泊尔高管的平均派遣时间在1—3年的居多，他们通常能够熟练运用英文交流，但是能够用尼泊尔当地语言交流的比例很少。相比尼泊尔当地企业，中资企业对员工培训的频率较高，主要培训内容是管理和领导能力、人际交往与沟通能力等方面，也包括技能与安全培训。中资企业在尼泊尔招聘员工时常遇到困难，主要存在技能不足、求职者过少、期望薪酬过高等问题，而中资企业最看重的员工素质是团队合作能力、英文听说能力、相关工作技能、时间管理与问题解决能力等。另外，关于劳资纠纷的问题，绝大多数中资企业表示在最近 3 年没有发生过劳动争议，极少数企业表示发生过超过 7 天的劳动争议，甚至涉及人数超过200 人，而劳资纠纷主要是围绕工资纠纷、安全生产、劳动合同纠纷等。发生了劳动争议后，企业最主要的解决方式是寻求当地警察或行业工会谈判解决，较少通过商会或法律途径解决。

第六章考察尼泊尔中资企业本地化经营与企业国际形象的情况。受访中资企业本地化的程度较高，工业企业的原料供应商基本都是尼泊尔本地企业，通常建立了固定的供应关系，在服务业中，供应商也主要来自尼泊尔当地，但经常需要更换供应商；企业与供应商和经销商发生经济纠纷的现象并不多见；但中资企业与尼泊尔销售商合作的情况还不很普遍。另外，中资企业雇佣的尼泊尔员工在全部员工中的占比超过七成，也能反映中资企业本土化经营的程度。从履行社会责任的角度看，中资企业越来越意识到营利的同时需要履行社会责任，主要的方式包括教育援助、实物形式的公益慈善、完善社会服务设施、直接捐钱等方式，但客观而言，企业履行社会责任的方式还不够多、内容还不够具体、产出的公益效应还不够好。受访企业与尼泊尔同类企业的高层有较为频繁的往来，与地方行政长官、政府领导有一定程度的往来，与在野党的领导交往较少，这也反映了中资企业在发挥公共外交职能方面还有较大的成长空间。

第七章到第十章是依据员工问卷采集数据做出的分析。第七章反映了尼泊尔中资企业所雇佣的员工的职业发展与工作条件，可以看到在当前企业工作时间超过 3 年的人数不多，处于管理岗位的尼泊尔员工较少，入职后获得晋升的人数非常少，社会保障情况不容乐观，企业工资基本不拖欠，总体工资收入稍高于尼泊尔同类企业，员工对自身家庭经济地位的评价中等偏上。

第八章反映尼泊尔员工社会交往的情况。可以看到尼泊尔员工社会交往行为较为积极，与中、美、印、日四国民众的社会距离都比较近。但尼泊尔员工拥有中国朋友的数量较少，尤其是非管理人员，较少有机会和中国人接触并交朋友。总的来说，尼泊尔员工对中资企业的评价较高，大多数人认为企业尊重本地风俗、尊重不同族群的特性和生活习俗，对企业的工作时间也比较满意，但是对企业的晋升制度有较大不满。

第九章是关于媒体和文化消费的调查。可以看到，尼方员工了解中国信息的渠道较多，本国媒体宣传是最有效的渠道，其次是企业内部宣传，而中国媒体的影响微乎其微。九成尼泊尔员工表示都看过中国援助道路、桥梁、学校、医院的新闻，另外关于留学、捐赠的新闻也较多，但关于艺术演出的新闻非常少。中国的电影、电视剧在尼泊尔没有太大市场，当地人更喜欢印度的、美国的电影和电视剧，华语电影和音乐短期内很难成为主流文化消费品。

第十章探讨了品牌与社会责任。尼泊尔员工对中国品牌的认知度不高，这反映出中国品牌在尼泊尔整体影响力不足。尼泊尔员工最希望中资企业在尼泊尔承担的社会责任类型是教育援助、卫生援助、培训项目与基础设施援助。

参考文献

一 著作

孔建勋、邓云斐等:《缅甸综合社会调查报告（2015）》,中国社会科学出版社 2016 年版。

刘建明主编:《宣传舆论学大辞典》,经济日报出版社 1993 年版。

廖盖隆、孙连成、陈有进等主编:《马克思主义百科要览·下卷》,人民日报出版社 1993 年版。

裴坚章主编:《中华人民共和国外交史 1949—1956》,世界知识出版社 1994 年版。

史尚宽:《劳动法原论》,正大印书馆 2007 年版。

王宏伟:《尼泊尔——人民和文化》,昆仑出版社 2007 年版。

王宏纬主编:《列国志 尼泊尔》,社会科学文献出版社 2015 年版。

王艳芬:《共和之路——尼泊尔政体变迁研究》,社会科学文献出版社 2013 年版。

王宗:《尼泊尔印度国家关系的历史考察（1947 – 2011）》,世界图书出版公司 2014 年版。

徐亮:《尼泊尔对印度的经济依赖研究》,人民日报出版社 2015 年版。

"一带一路"国别商务丛书编辑委员会编著:《"一带一路"中国—尼泊尔商务报告》,中国商务出版社 2018 年版。

云南省商务厅、云南省驻尼泊尔（加德满都）商务代表处:《对外投资贸易指导手册——尼泊尔（2017 年版）》。

［英］约翰·菲尔普顿：《尼泊尔史》，杨恪译，东方出版中心 2016 年版。

张惠兰：《传统与现代：尼泊尔文化述论》，世界知识出版社 2003 年版。

张淑兰、刘洋、［尼］阿荣旗：《"一带一路"国别概览（尼泊尔）》，大连海事大学出版社 2018 年版。

二 论文

常建刚、何朝荣译：《普拉昌达对尼泊尔十年人民战争的总结》，《国外理论动态》2009 年第 4 期。

狄方耀、刘星君：《中国的"一带一路"倡议为尼泊尔社会经济走出困局提供了历史性机遇》，《西藏民族大学学报（哲学社会科学版）》2019 年第 2 期。

丁冰、舒尔茨：《人力资本"论的意义与马克思资本理论的比较——纪念马克思诞辰 190 周年》，《山东社会科学》2008 年第 7 期。

冯波：《马克思社会交往思想的当代价值》，《法制与经济（下半月）》2008 年第 5 期。

贾明琪、杜蕊：《女性董事、市场竞争强度对上市公司绩效影响》，《企业经济》2018 年第 2 期。

梁平、孔令章：《劳动争议原因类型的实证研究》，《北京科技大学学报（社会科学版）》，2011 年 27 卷第 1 期。

凌玲：《新型雇佣关系背景下雇佣关系稳定性研究——基于可雇佣能力视角》，《经济管理》2013 年 35 卷第 5 期。

欧翠珍：《文化消费研究述评》，《经济学家》2010 年第 3 期。

沈琴琴：《境外中资企业劳动用工现状及存在的问题》，《生产力研究》2012 年第 6 期。

史兴松：《外语能力与跨文化交际能力社会需求分析》，《外语界》2014 年第 6 期。

王远、张领：《习近平同尼泊尔总统班达里举行会谈》，《人民日报》2019 年 4 月 30 日第 1 版。

魏修柏、杨立华：《中国企业公共外交的现状、特点与模式：基于企业案例的研究》，《公共外交季刊》2017 年第 4 期。

杨晓光：《关于文化消费的理论探讨》，《山东社会科学》，2006 年第 3 期。

杨肖锋：《团队氛围、网络密度与团队合作——基于民营企业工作团队的实证分析》，《中国人力资源开发》，2013 年第 11 期。

余绪缨：《柔性管理的发展及其思想文化渊源》，《经济学家》1998 年第 1 期。

袁群、郭澄澄：《尼联共（毛）的建党理论与实践探析》，《中共云南省委党校学报》2012 年第 6 期。

袁群、张立锋：《尼泊尔共产主义运动的历史演进探析》，《社会主义研究》2015 年第 2 期。

袁群、安晓敏：《尼共（联合马列）的发展演变探析》，《当代世界与社会主义》2015 年第 2 期。

袁群、吴鹤宣：《尼泊尔大会党的历史、现状及前景》，《当代世界与社会主义》2017 年第 2 期。

袁群、刘丹蕊：《尼联共（毛）崛起中的美国因素》，《社会主义研究》2013 年第 3 期，第 140 页。

袁群：《尼泊尔左翼联盟 2017 年大选获胜的原因、影响及其前景》，《社会主义研究》2018 年第 3 期。

曾湘泉、卢亮：《标准化和灵活性的双重挑战——转型中的我国企业工作时间研究》，《中国人民大学学报》2006 年第 1 期。

赵延东、李睿婕、何光喜：《新时期我国专业技术人员阶层的社会功能分析》，《中国软科学》2018 年第 6 期。

三　互联网资料

联合国开发计划署人类发展指数与指标，http：//hdr. undp. org。

世界教科文组织网站，https：//en. unesco. org/。

世界银行（Word Bank）数据库，https：//data. worldbank. org. cn/in-
　　dicator/SP. POP. GROW。

中华人民共和国外交部网站，https：//www. fmprc. gov. cn/。

国际货币基金组织世界发展指标（IMF World Economic Outlook）数
　　据库。

中国驻尼泊尔大使馆经商处网站，http：//np. mofcom. gov. cn/。

后　记

尼泊尔是"一带一路"沿线国家,是与中国依山傍水的近邻,其国土面积虽然不大,但是长期以来作为中印之间的"缓冲地带"具有显著的地缘重要性。近年来,随着尼泊尔国家政治局势日渐稳定、尼政府高度重视发展同中国的关系,我国企业也加快步伐赴尼投资。尼泊尔调研组的工作目标就是到尼泊尔去,走访在尼中资企业的负责人、高层管理人员与尼泊尔员工,建立雇主雇员匹配的专业数据库,并在此基础上撰写一份调研报告,通过翔实的数据图表揭示中资企业在尼生产经营状况、本地化发展的问题与困难、在当地社会责任承担与实施情况、中国在尼国家形象与软实力等内容。

根据以往关于田野调查和数据采集的认识,作为尼泊尔组的组长,我深感责任重大与任务艰巨。从大环境而言,尼泊尔的经济发展落后、国内交通条件较差、调研环境比较艰苦。具体到中资企业的抽样问题,尼泊尔的经济体量有限,加之长期的政治动荡,中资企业在尼投资的总量与其他"一带一路"沿线国家相比是极为有限的。经过一年多周密的准备,我们的调研团队在 2019 年 4 月来到了尼泊尔,在调研期间,我们遇到过工头抗议、企业主当场反悔将我们赶走的情况,也遇到了很多有情怀、有担当的企业主,让我们感佩不已。经过全体成员 16 天的不懈努力,保质保量完成了 42 份企业问卷和 481 份东道国员工问卷。

本调研报告的撰写分工情况如下:

冯立冰：第二章、第三章、第十章、第十一章、全文统稿。

王恩明：第一章部分内容、第四章。

袁子媚：第五章、第八章、第九章。

查皓：第一章部分内容、第六章、第七章。

蔡华龙、牛睿、王锦坤：第三章到第六章的图表制作。

王云裳、任欣霖：第七章到第十章的图表制作。

彭丽颖、袁竞、杨晨：全文审校。

调研期间得到的帮助数不胜数，感谢中国驻尼泊尔大使馆及经商处、中资企业协会、华人华侨协会的大力支持。在调研期间发现了很多的问题，尚未能完全解决，这激励着我们不断努力，项目告一段落，但科研没有止境。调研报告虽然几经修改，但由于作者理论视野和知识精力有限，难免有所疏漏，敬请各位专家与读者指正。

冯立冰

2020 年 10 月